ITC 국제토셀위원회

TOSEL
심화문제집

PRE
STARTER

개정판

국제토셀위원회

CONTENTS

정답 및 해설 별책

About this book

1 Actual Test

토셀 최신 유형을 반영하여
실전 모의고사를 5회 실었습니다.
수험자들의 토셀 시험에 대한
대비 및 적응력 향상에 도움이 됩니다.

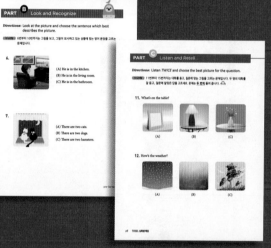

2 Appendix

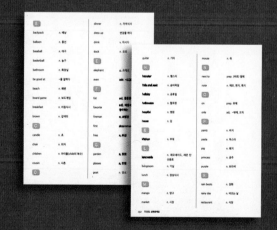

필수 어휘를 포함한 모의고사에 나온
빈도 수 높은 어휘를 제공함으로써
평소 어휘 정리뿐 아니라 시험 직전 대비용으로
활용 가능합니다.

3 Answer

자세한 해설과 문제 풀이로
오답 확인 및 시험 대비를 위한 정리가 가능합니다.

4 심화문제 유형 및 만점전략

각 Actual Test에서 응시생들이
가장 많이 틀린 문제 유형을 확인하고,
이런 유형의 문제 공략법을 공부합니다.

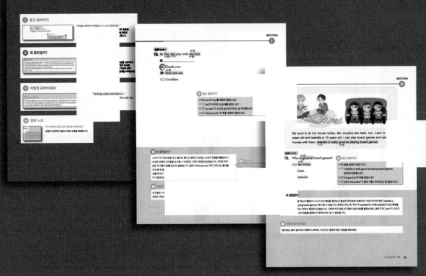

TOSEL® Level Chart TOSEL 단계표

COCOON
아이들이 접할 수 있는 공식 인증 시험의 첫 단계로써, 아이들의 부담을 줄이고 즐겁게
흥미를 유발할 수 있도록 컬러풀한 색상과 디자인으로 시험지를 구성하였습니다.

Pre-STARTER
친숙한 주제에 대한 단어, 짧은 대화, 짧은 문장을 사용한 기본적인 문장표현 능력을
측정합니다.

STARTER
흔히 접할 수 있는 주제와 상황과 관련된 주제에 대한 짧은 대화 및 짧은 문장을 이해하고
일상생활 대화에 참여하며 실질적인 영어 기초 의사소통 능력을 측정합니다.

BASIC
개인 정보와 일상 활동, 미래 계획, 과거의 경험에 대해 구어와 문어의 형태로 의사소통을
능력을 측정합니다.

JUNIOR
일반적인 주제와 상황을 다루는 회화와 짧은 단락, 실용문, 짧은 연설 등을 이해하고
간단한 일상 대화에 참여하는 능력을 측정합니다.

HIGH JUNIOR
넓은 범위의 사회적, 학문적 주제에서 영어를 유창하고 정확하게, 효과적으로 사용할 수
있는 능력 및 중문과 복잡한 문장을 포함한 다양한 문장구조의 사용 능력을 측정합니다.

ADVANCED
대학 및 대학원에서 요구되는 영어능력과 취업 또는 직업근무환경에 필요한 실용영어
능력을 측정합니다.

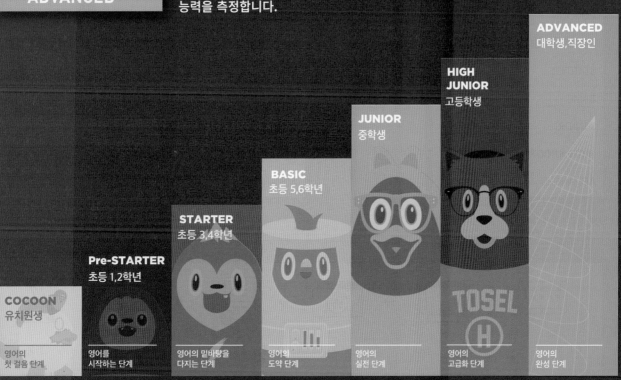

About TOSEL®   TOSEL에 대하여

대상
유아, 초, 중, 고등학생,
대학생 및 직장인 등 성인

목적
한국인의 영어구사능력 증진과
비영어권 국가의 영어 사용자의
영어구사능력 증진

용도
실질적인 영어구사능력 평가 +
입학전형 및 인재선발 등에 활용
및 직무역량별 인재 배치

영어 사용자 중심의 맞춤식 영어능력 인증시험제도

맞춤식 평가
획일적인 평가에서
세분화된 평가로의 전환

TOSEL은 응시자의 연령별
인지 단계에 따라 별도의 문항과
난이도를 적용하여 평가함으로써
평가의 목적과 용도에 적합한
평가 시스템을 구축하였습니다.

공정성과 신뢰성 확보
국제토셀위원회의 역할

TOSEL은 대학수학능력시험
출제위원 교수들이 중심이 된
국제토셀위원회가 출제하여
사회적 공정성과 신뢰성을 확보한
평가제도입니다.

수입대체 효과
외화유출 차단 및 국위선양

TOSEL은 해외시험응시로 인한
외화의 유출을 막는 수입대체의
효과를 기대할 수 있습니다.
TOSEL의 문항과 시험제도는
비영어권 국가에 수출하여
국위선양에 기여하고 있습니다.

배점 및 등급

구분	배점	등급
COCOON	100점	
Pre-STARTER	100점	
STARTER	100점	1~10등급
BASIC	100점	으로 구성
JUNIOR	100점	
HIGH JUNIOR	100점	
ADVANCED	990점	

문항 수 및 시험시간

구분	Section I Listening & Speaking	Section II Reading & Writing
COCOON	15문항 / 15분	15문항 / 15분
Pre-STARTER	15문항 / 15분	20문항 / 25분
STARTER	20문항 / 15분	20문항 / 25분
BASIC	30문항 / 20분	30문항 / 30분
JUNIOR	30문항 / 20분	30문항 / 30분
HIGH JUNIOR	30문항 / 25분	35문항 / 35분
ADVANCED	70문항 / 45분	70문항 / 55분

응시 방법 안내

01 홈페이지 접속 → 02 온라인 접수 → 03 응시료 결제 → 04 접수확인 및 수정 → 05 수험표 출력 및 고사장 확인 → 06 시험응시

*지원서 작성은 온라인(www.tosel.org) 및 지역 본부를 통해 가능합니다. 학업성취기록부, 성적표 확인을 위해 회원가입은 필수입니다.

Evaluation ———— 평가

평가의 기본원칙
TOSEL은 PBT(PAPER BASED TEST)를 통하여 간접평가와 직접평가를 모두 시행합니다.

TOSEL은 언어의 네 가지 요소인 읽기, 듣기, 말하기, 쓰기 영역을 모두 평가합니다.

문자언어

음성언어

읽기능력

쓰기능력

＋

듣기능력

말하기능력

대한민국 대표 영어능력 인증 시험제도

TOSEL®

Reading 읽기	모든 레벨의 읽기 영역은 직접 평가 방식으로 측정합니다.
Listening 듣기	모든 레벨의 듣기 영역은 직접 평가 방식으로 측정합니다.
Speaking 말하기	모든 레벨의 말하기 영역은 간접 평가 방식으로 측정합니다.
Writing 쓰기	모든 레벨의 쓰기 영역은 간접 평가 방식으로 측정합니다.

TOSEL은 연령별 인지단계를 고려하여 아래와 같이 7단계로 나누어 평가합니다.

1 단계	**TOSEL® COCOON**		5~7세의 미취학 아동
2 단계	**TOSEL® Pre-STARTER**		초등학교 1~2학년
3 단계	**TOSEL® STARTER**		초등학교 3~4학년
4 단계	**TOSEL® BASIC**		초등학교 5~6학년
5 단계	**TOSEL® JUNIOR**		중학생
6 단계	**TOSEL® HIGH JUNIOR**		고등학생
7 단계	**TOSEL® ADVANCED**		대학생 및 성인

TOSEL®

AI 정밀진단 성적표

십수년간 전국단위 정기시험으로 축적된 **빅데이터**를 교육공학적으로 분석 및
활용하여 산출한 **개인별 성적자료**

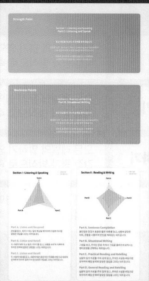

- AI 정밀진단 예시

- 정확한 영어능력진단
- 응시지역, 동일학년, 전국에서의 학생의 위치
- 개인별 교과과정, 영어단어 숙지정도 진단
- 강점, 취약점, 오답문항 분석결과 제시

TOSEL 공식인증서

대한민국 초,중,고등학생의 영어숙달능력 평가 결과 공식인증

- 2010.03 고려대학교 인증획득
- 2009.10 팬코리아영어교육학회 인증획득
- 2009.11 한국응용언어학회 인증획득
- 2009.12 한국외국어교육학회 인증획득
- 2009.12 한국음성학회 인증획득

'학업성취기록부'에 TOSEL 인증등급 기재

개인별 '학업성취기록부' 평생 발급. 진학과 취업을 대비한 필수 스펙관리

명예의 전당

특별시, 광역시, 도 별 1등 선발 (7개시 9개도 1등 선발)

명예의 전당(트로피&상패)

명예의 전당 등재자를 위한 명예의 상품입니다. (별도 구매)

명예의 전당 홈페이지

홈페이지에서 각 시,도 별 명예의 전당 등재자
를 확인하실 수 있습니다.

명예의 전당(증명서)

명예의 전당 등재자를 위한 등재 증명서입니다.
(홈페이지 무료 출력 가능, 액자 포함 유료구매)

*홈페이지 로그인 - 시험결과 - 명예의 전당에서 해당자 등재 증명서 출력 가능

Actual Test 1

Listening and Speaking

Part **A** *Listen and Recognize*

5 Questions

Part **B** *Listen and Respond*

5 Questions

Part **C** *Listen and Retell*

5 Questions

Directions: Listen *TWICE* and choose the most suitable picture.

지시사항 1번부터 3번까지는 영어 단어를 듣고, 그림을 고르는 문제입니다. 문제를 잘 듣고 답을 고르세요. 문제는 **두 번씩** 들려줍니다. 🎧 Ⓐ

1.

(A)　　　　　　　　(B)　　　　　　　　(C)

2.

(A)　　　　　　　　(B)　　　　　　　　(C)

3.

(A)　　　　　　　　(B)　　　　　　　　(C)

Directions: Listen *TWICE* and choose the right picture.

지시사항   4번과 5번은 짧은 문장을 듣고, 알맞은 그림을 고르는 문제입니다. 문장을 잘 듣고 답을 고르세요. 문제는 **두 번씩** 들려줍니다.

4.

(A)   (B)   (C)

5.

(A)   (B)   (C)

PART B Listen and Respond

Directions: Listen *TWICE* and choose the best response.

지시사항 6번부터 10번까지는 대화 문제입니다. 문장을 잘 듣고, 뒤에 올 수 있는 말로 가장 알맞은 답을 고르세요. 문제는 **두 번씩** 들려줍니다.

6.

(A) Yes, I can.

(B) No, I don't.

(C) No, I'm not.

7.

(A) She's my sister.

(B) She's hungry.

(C) She's sleeping.

8.

(A) I'm great.

(B) I'm 10 years old.

(C) I'm her brother.

9.

(A) It's Sunday.

(B) It's rainy today.

(C) It's 3 o'clock.

10.

(A) Thank you.

(B) Here you are.

(C) Goodbye.

Directions: Listen *TWICE* and choose the best picture for the question.

지시사항 11번부터 15번까지는 대화를 듣고, 질문에 맞는 그림을 고르는 문제입니다. 두 명의 대화를 잘 듣고, 질문에 알맞은 답을 고르세요. 문제는 **두 번씩** 들려 줍니다.

11. What's on the table?

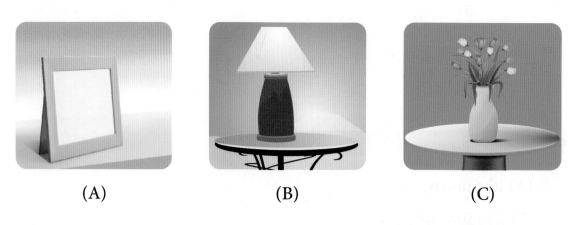

(A)　　　　　　　　(B)　　　　　　　　(C)

12. How's the weather?

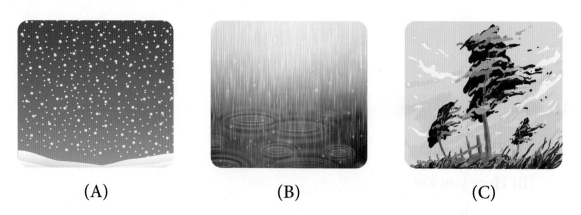

(A)　　　　　　　　(B)　　　　　　　　(C)

13. How many pencils does the girl have?

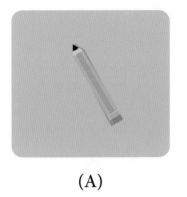

(A)

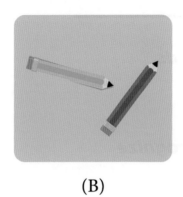

(B)

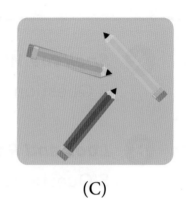

(C)

14. What does the boy like?

(A)

(B)

(C)

15. Where is the boy going?

(A)

(B)

(C)

Section II

Reading and Writing

Part Ⓐ *Spell the Words*

5 Questions

Part Ⓑ *Look and Recognize*

5 Questions

Part Ⓒ *Look and Respond*

5 Questions

Part Ⓓ *Read and Retell*

5 Questions

Directions: Read the words and choose the best letter for each blank.

지시사항 1번에서 2번까지는 빈칸을 알맞게 채워 단어를 완성하는 문제입니다. 가장 알맞은 답을 고르세요.

1.

___reen

(A) g

(B) m

(C) s

2.

si___ger

(A) m

(B) n

(C) l

Directions: Look at the pictures and choose the correctly spelled word.

3번부터 5번까지는 그림을 보고, 단어의 철자를 바르게 나열한 것을 고르는 문제입니다.

3.

(A) monkie

(B) mankey

(C) monkey

4.

(A) tairn

(B) train

(C) ratin

5.

(A) sorecc

(B) soccer

(C) cescor

PART B Look and Recognize

Directions: Look at the picture and choose the sentence which best describes the picture.

지시사항 6번부터 10번까지는 그림을 보고, 그림이 묘사하고 있는 상황에 맞는 영어 문장을 고르는 문제입니다.

6.

(A) He is in the kitchen.

(B) He is in the living room.

(C) He is in the bathroom.

7.

(A) There are two cats.

(B) There are two dogs.

(C) There are two hamsters.

8.

(A) It's spring.

(B) It's winter.

(C) It's fall.

9.

(A) He is playing basketball.

(B) He is playing baseball.

(C) He is playing volleyball.

10.

(A) He's happy.

(B) He's sad.

(C) He's hungry.

Directions: Look at the picture and choose the best answer to the question.

지시사항 11번부터 15번까지는 그림을 보고, 질문에 답하는 문제입니다. 질문에 가장 알맞은 답을 보기에서 고르세요.

11.

Q: Where's the cat?

   (A) It's under the bench.

   (B) It's next to the bench.

   (C) It's on the bench.

12.

Q: How does the girl feel?

   (A) She's angry.

   (B) She's sleepy.

   (C) She's tired.

13.

Q: What are they doing?

   (A) They are reading books.

   (B) They are drawing pictures.

   (C) They are writing notes.

14.

Q: What is the boy wearing?

   (A) He is wearing a tie.

   (B) He is wearing glasses.

   (C) He is wearing a backpack.

15.

Q: What is the boy selling?

   (A) He is selling fruit.

   (B) He is selling ice cream.

   (C) He is selling lemonade.

Directions: Read the following passages and choose the best answer.

지시사항 16번부터 20번까지는 글을 보고, 질문에 답하는 문제입니다. 질문에 가장 알맞은 답을 보기에서 고르세요.

For question 16, refer to the following passage.

What am I? You can see your face with me. I can show you the things behind you. I am shiny and smooth.

16. What am I?

(A) a duck

(B) a towel

(C) a mirror

For questions 17-18, refer to the following passage.

My aunt is at my house today. My cousins are here, too. Liam is 11 years old and Isabella is 10 years old. I can play board games and watch movies with them. Isabella is really good at playing board games.

17. How old is Liam?

(A) 11 years old

(B) 10 years old

(C) 9 years old

18. Who is good at board games?

(A) the writer

(B) Liam

(C) Isabella

For questions 19-20, refer to the following passage.

I am at the hospital with my mom. We are with my granddad. My granddad is 82 years old. He is very sick, so he needs to stay at the hospital. I feel sad about my granddad.

19. Who is very sick?

(A) the boy

(B) the boy's mom

(C) the boy's granddad

20. Where does the granddad stay?

(A) at the resort

(B) at the hospital

(C) at the boy's house

심화문제 유형 및 만점 전략 ①

① 짚고 넘어가기

> (B) I wish you would leave.
> (C) I'm so sorry for hurting you. ✓
> (D) Say sorry for hitting me with the ball. ✓
>
> ⊘ 짚고 넘어가기
> ✓ ● 'sorry for'의 의미와 쓰임새를 알았나요?
> ✓ ● (D)가 명령문이라는 걸 파악했나요?

"문항을 정확하게 이해했는지 스스로 점검하세요."

정답에 실마리가 되는 핵심 어휘와 표현 및 문장 구조, 정답을 도출해내는 데 결정적 증거가 되는 내용과 논리 등을 제대로 파악했는지 질문을 통하여 능동적으로 확인하도록 합니다.

② 왜 틀렸을까?

> ⊘ 왜 틀렸을까?
> 과반수가 넘는 학생들이 (A)를 답으로 골랐습니다. 아마 질문을 '학교까지 달려가는데 얼마나 걸려?'라고 생각했나 봅니다. 하지만 이는 정확하지 않은 관찰입니다. 이 문장은 'it _____ to go to school.'를 How long 의문문으로 만든 것입니다. 가짜 주어 it이 주어의 자리를 차지하고 진짜 주어 'to go to school'(학교를 가는 것)이 뒤에 나온 것이지요. 따라서 동사의 자리인 빈칸에 알맞은 것은 '~만큼의 시간이 걸리다'라는 뜻을 가진 (D) 'take' 밖에 없었습니다.
> 그렇다면 '학교까지 달려가는데 얼마나 걸려?'는 정확히 영어로 어떻게 말할 수 있을까요? 'How long does it take to run to school?' 이것이지요.

"오답 원리를 확실하게 파악하세요."

실제 정답률 분석을 통하여 다수의 수험자가 오답을 고르게 된 핵심 원인을 설명하고, 이에 따른 올바른 문제 접근 방식을 제공합니다. 수험자들은 오답 원리를 공부하며 자신의 문제 풀이를 점검하고 더욱더 수준 높은 문제 접근 원리를 터득합니다.

③ 이렇게 공부하세요!

> ❗ 이렇게 공부하세요!
> 영어 문장이 헷갈릴 때는 늘 먼저 주어와 주어의 동사를 찾아보세요. A가 말한 문장의 주어는 'it'이 될 테고 동사는 빈칸이 될 겁니다. 그렇다면 'it'은 무엇을 가리킬까요? '그것'일까요? 그러면 '그것'은 무엇인가요? 이런 식으로 추론을 하다 보면 'it'이 실체가 없는 가짜 주어라는 걸 깨닫게 되고 비로소 문장 구조를 이해하게 될 것입니다.

"영어 학습 방향을 바르게 잡으세요."

문항과 관련하여 좀 더 고차원적이고 심도 있는 영어 학습 방향을 제시합니다.

④ 알짜 노트

"추가 정보와 함께 심화 학습을 완성하세요."

문항과 관련하여 별도의 학습 내용을 제공합니다.

8. G: How are you?

B: _____

(A) I'm great.

(B) I'm 10 years old. ✔❸

(C) I'm her brother.

✅ 짚고 넘어가기

✔❶ 'How are you'를 똑똑히 들었나요?

✔❷ 'How are you'의 뜻을 알았나요?

✔❸ 'How'와 'How old'를 혼동하지 않았나요?

❓ 왜 틀렸을까?

많은 친구들이 (B)를 답으로 골랐습니다. 왜 그랬을까요? 아마도 'How are you?'(어떻게 지내?)를 'How old are you?'(너 몇 살이니?)로 착각한 모양입니다. 'How are you?'는 친구를 만났을 때 어떻게 지내는지, 잘 지내고 있는지, 무슨 일은 없는지 안부를 물을 때 쓸 수 있는 표현입니다.

💬 알짜 노트

How는 '얼마나, 어떻게'라는 뜻으로 다른 단어와 함께 쓰일 수 있습니다.

- How old: 얼마나 + 오래; 몇 살
  ex) How old is Tom? Tom은 몇 살이니?
- How tall: 얼마나 + 키 큰; 얼마나 큰
  ex) How tall is your brother?
  네 남동생은 얼마나 키가 크니?
- How much: 얼마나 + 많이; 얼마
  ex) How much is the doll?
  인형은 얼마인가요?

❗ 이렇게 공부하세요!

문장을 들을 때 꼼꼼히 차근차근 들어야 합니다. 평소 복습할 때 입으로 소리를 내 따라 읽어보세요. 영어 문장과 한결 더 친해진 자신을 발견할 수 있답니다.

10. 정답률 53.26%

G: You can play with my toys.

B: _____

(A) Thank you.

(B) Here you are.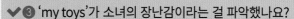

(C) Goodbye.

✅ 짚고 넘어가기

✔① 'you'와 'my'를 똑똑히 들었나요?

✔② 'can'의 의미와 쓰임새를 알았나요?

✔③ 'my toys'가 소녀의 장난감이라는 걸 파악했나요?

✔④ 'Here you are.'의 뜻을 정확히 알았나요?

❓ 왜 틀렸을까?

소녀가 자기 장난감을 갖고 놀아도 좋다고 말하고 있네요. 소녀가 친절을 베풀었으니 소년은 답례로 고마움을 표시할 수 있겠죠? 그래서 정답은 (A)였습니다. 그런데 적지 않은 친구들이 (B)를 답으로 골랐습니다. (B)의 'Here you are.'(여기 있어.)는 물건을 건네 줄 때 쓸 수 있는 말입니다. 갑자기 소년이 소녀에게 무언가를 건네준다니, 엉뚱한 상황이지요? 'Here you are.'는 오히려 소녀가 자기의 장난감을 건네주며 할 수 있는 말에 더 가깝겠네요. 이 표현에 익숙하지 않던 친구들이 (B)를 골랐답니다.

💬 일짜 노트

'Here you are.'와 비슷한 표현
- Here it is.
  (건네주는 물건이 하나일 때.)
- Here they are.
  (건네주는 물건이 두 개 이상일 때.)

❗ 이렇게 공부하세요!

친구들과, 가족들과, 서로 물건을 주고받으며 'Here you are.' 표현을 써보세요! 직접 입 밖으로 소리 내어 연습하다 보면 영어 표현이 자연스레 여러분에게 녹아든답니다.

11.

Q : Where's the cat?

(A) It's under the bench.

(B) It's next to the bench.

(C) It's on the bench.

☑ 짚고 넘어가기

✔① 'bench'의 뜻을 알았나요?

✔② 고양이의 위치를 파악했나요?

✔③ 'under', 'next to', 'on'의 뜻을 정확히 알았나요?

❓ 왜 틀렸을까?

고양이가 어디있는지 물어보고 있네요. 사진을 보니 소녀가 벤치에 앉아 책을 읽고 있고, 그 옆에 고양이가 뒤돌아 앉아있습니다. 그러니 고양이가 벤치 옆에 있다는 (B)가 정답이겠지요? '벤치 아래, 벤치 위에, 벤치 옆에'의 '아래, 위에, 옆에'처럼 영어에도 위치를 나타낼 때 쓰는 단어들이 있습니다. 문제에 나온 'under', 'next to', 'on'들이 그런 단어들인데요. 우리말과 달리 이 단어들은 '명사' 앞에 나온답니다. 'under the bench', 'next to the bench', 'on the bench'에서 처럼요. 이런 단어들과 익숙하지 않은 친구들이 오답을 골랐습니다.

💬 일짜 노트

위치를 나타낼 때 쓰는 단어 복습
- under: ~ 아래
- next to: ~ 옆에
- on: ~ 위에

❗ 이렇게 공부하세요!

영어 표현을 실생활에서 직접 써보는 것만큼 좋은 공부법은 없답니다. 여러분이 가장 좋아하는 물건을 의자 아래, TV 위에, 액자 사진 옆에 등 원하는 곳에 놓아보세요. 그런 다음 그 물건이 어디있는지 영어로 설명해 보세요!

My toy car is under the chair. (내 장난감 차는 의자 밑에 있어.)

My red crayon is on the TV. (내 빨간색 크레용은 TV 위에 있어.)

My soccer ball is next to my picture. (내 축구공은 내 사진 옆에 있어.)

My aunt is at my house today. My cousins are here, too. Liam is 11 years old and Isabella is 10 years old. I can play board games and watch movies with them. Isabella is really good at playing board games.

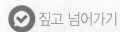

정답률 70.37%

18. Who is good at board games?

(A) the writer

(B) Liam

(C) Isabella

짚고 넘어가기

✔❶ 글을 꼼꼼히 읽었나요?

✔❷ 'Isabella is really good at playing board games'
 문장에 집중했나요?

✔❸ 'be good at'의 뜻을 알았나요?

✔❹ (A)의 'the writer'가 글의 'I'를 나타낸다는 걸 알았나요?

왜 틀렸을까?

누가 보드게임을 잘 하는지 물었으니 누가 보드게임을 잘하는지 열심히 찾아보면 되겠지요? 바로 마지막 문장 'Isabella is really good at playing board games.'에서 알 수 있습니다. 문장의 주인, 즉 '주어'가 Isabella이니 바로 Isabella가 보드게임을 잘한다는 것이겠지요. 따라서 정답은 (C)였습니다. 그런데 적지 않은 친구들이 (A)와 (B)를 골랐는데요. 글에 'I'와 'Liam'이 나오긴 하지만, 두 사람이 보드게임을 잘하는지 못하는지는 알 수 없었습니다.

이렇게 공부하세요!

앞으로는 글이 길어져서 어렵게 느껴져도 차근차근 꼼꼼히 읽는 연습을 해보세요!

Actual Test 2

Listening and Speaking

Part Ⓐ *Listen and Recognize*
5 Questions

Part Ⓑ *Listen and Respond*
5 Questions

Part Ⓒ *Listen and Retell*
5 Questions

Directions: Listen *TWICE* and choose the most suitable picture.

지시사항 1번부터 3번까지는 영어 단어를 듣고, 그림을 고르는 문제입니다. 문제를 잘 듣고 답을 고르세요. 문제는 **두 번씩** 들려줍니다.

1.

(A)   (B)   (C)

2.

(A)   (B)   (C)

3.

(A)   (B)   (C)

Directions: Listen *TWICE* and choose the right picture.

지시사항 4번과 5번은 짧은 문장을 듣고, 알맞은 그림을 고르는 문제입니다. 문장을 잘 듣고 답을 고르세요. 문제는 **두 번씩** 들려줍니다. 🎧

4.

(A)

(B)

(C)

5.

(A)

(B)

(C)

Directions: Listen *TWICE* and choose the best response.

6번부터 10번까지는 대화 문제입니다. 문장을 잘 듣고, 뒤에 올 수 있는 말로 가장 알맞은 답을 고르세요. 문제는 **두 번씩** 들려줍니다.

6.

(A) Sorry, I can't help you.

(B) I'm eight years old.

(C) Thank you very much.

7.

(A) It's 6 o'clock.

(B) It's raining.

(C) I am home now.

8.

(A) Yes, I can.

(B) I'm Sam.

(C) No, I'm not.

9.

(A) You, too.

(B) Yes, I am.

(C) It looks nice.

10.

(A) No, I can't.

(B) Thank you.

(C) Nice to meet you.

Directions: Listen *TWICE* and choose the best picture for the question.

지시사항 11번부터 15번까지는 대화를 듣고, 질문에 맞는 그림을 고르는 문제입니다. 두 명의 대화를 잘 듣고, 질문에 알맞은 답을 고르세요. 문제는 **두 번씩** 들려 줍니다. 🎧

11. How many books does the boy have?

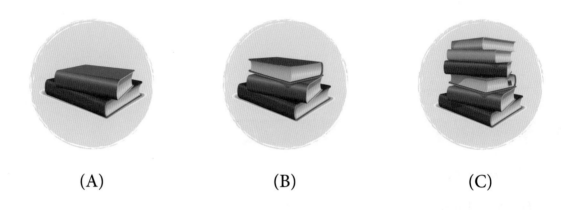

(A)   (B)   (C)

12. What will the girl eat?

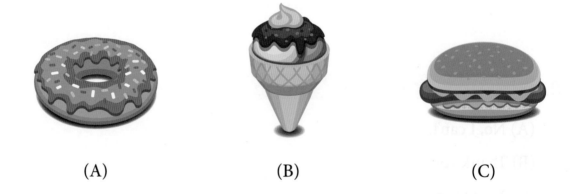

(A)   (B)   (C)

13. What sport does the girl like?

(A) (B) (C)

14. What does the boy like?

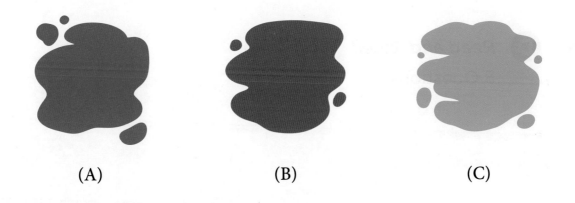

(A) (B) (C)

15. What is the weather like today?

(A) (B) (C)

Section II

Reading and Writing

Part **A** *Spell the Words*

5 Questions

Part **B** *Look and Recognize*

5 Questions

Part **C** *Look and Respond*

5 Questions

Part **D** *Read and Retell*

5 Questions

PART A Spell the Words

Directions: Read the words and choose the best letter for each blank.

지시사항 1번에서 2번까지는 빈칸을 알맞게 채워 단어를 완성하는 문제입니다. 가장 알맞은 답을 고르세요.

1.

__ird

(A) q

(B) f

(C) b

2.

st__dent

(A) o

(B) u

(C) e

Directions: Look at the pictures and choose the correctly spelled word.

지시사항 3번부터 5번까지는 그림을 보고, 단어의 철자를 바르게 나열한 것을 고르는 문제입니다.

3.

(A) bornw

(B) brown

(C) bworn

4.

(A) drae

(B) drie

(C) draw

5.

(A) gel

(B) egl

(C) leg

Directions: Look at the picture and choose the sentence which best describes the picture.

지시사항 6번부터 10번까지는 그림을 보고, 그림이 묘사하고 있는 상황에 맞는 영어 문장을 고르는 문제입니다.

6.

(A) She is watching TV.

(B) She is reading a book.

(C) She is cleaning the room.

7.

(A) There are three pigs.

(B) There are three goats.

(C) There are three horses.

8.

(A) He is cooking.

(B) He is cleaning.

(C) He is sitting on a chair.

9.

(A) The baby is sad.

(B) The baby is happy.

(C) The baby is sleeping.

10.

(A) She plays golf.

(B) She plays tennis.

(C) She plays basketball.

Directions: Look at the picture and choose the best answer to the question.

지시사항 11번부터 15번까지는 그림을 보고, 질문에 답하는 문제입니다. 질문에 가장 알맞은 답을 보기에서 고르세요.

11.

Q: How many candles are on the cake?

(A) There are no candles.

(B) There are six candles.

(C) There are ten candles.

12.

Q: What color is her T-shirt?

(A) It's red.

(B) It's yellow.

(C) It's purple.

13.

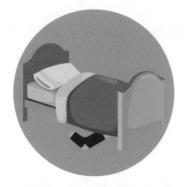

Q: Where is the sock?

    (A) It's on the bed.

    (B) It's next to the bed.

    (C) It's under the bed.

14.

Q: What are they doing?

    (A) They are writing.

    (B) They are painting.

    (C) They are taking photos.

15.

Q: How many stars are there in the picture?

    (A) There is one star.

    (B) There are three stars.

    (C) There are seven stars.

Directions: Read the following passages and choose the best answer.

For question 16, refer to the following passage.

What am I? You can make me in winter. You can make a face and arms for me. I hate the sun and heat because they make me go away!

16. What am I?

(A) a sled

(B) a scarf

(C) a snowman

For questions 17-18, refer to the following passage.

I'm Joe. I like to play in the park. I go to the park every day with my friend. His name is Tom. We play soccer. We ride bikes. It's very fun. We have a good time.

17. What's the name of Joe's friend?

(A) Tom

(B) Dan

(C) Tony

18. Where do they play?

(A) at home

(B) at school

(C) in the park

For questions 19-20, refer to the following passage.

Hello, I am Dan. This is my family picture. There are seven of us. Grandpa, me, Dad, Mom, my sister, Grandma, and our cat. My sister's name is Jane. My cat's name is Kitty. Jane likes to play with Kitty. I love my family.

19. Who's Kitty?

(A) the cat

(B) the mom

(C) the sister

20. How many people are in the family?

(A) 3

(B) 6

(C) 10

심화문제 유형 및 만점 전략 **2**

1 짚고 넘어가기

(B) I wish you would leave.
(C) I'm so sorry for hurting you.
(D) Say sorry for hitting me with the ball.

✓ 짚고 넘어가기
✓ 'sorry for'의 의미와 쓰임새를 알았나요?
✓ (D)가 명령문이라는 걸 파악했나요?

"문항을 정확하게 이해했는지 스스로 점검하세요."

정답에 실마리가 되는 핵심 어휘와 표현 및 문장 구조, 정답을 도출해내는 데 결정적 증거가 되는 내용과 논리 등을 제대로 파악했는지 질문을 통하여 능동적으로 확인하도록 합니다.

2 왜 틀렸을까?

왜 틀렸을까?

과반수가 넘는 학생들이 (A)를 답으로 골랐습니다. 아마 질문을 '학교까지 달려가는데 얼마나 걸려?'라고 생각했나 봅니다. 하지만 이는 정확하지 않은 관찰입니다. 이 문장은 'It _____ to go to school.'를 How long 의문문으로 만든 것입니다. 가짜 주어 it이 주어의 자리를 차지하고 진짜 주어 'to go to school'(학교를 가는 것)이 뒤에 나온 것이지요. 따라서 동사의 자리인 빈칸에 알맞은 것은 '~만큼의 시간이 걸리다'라는 뜻을 가진 (D) 'take' 밖에 없습니다.
그렇다면 '학교까지 달려가는데 얼마나 걸려?'는 정확히 영어로 어떻게 말할 수 있을까요? 'How long does it take to run to school?' 이겠지요.

"오답 원리를 확실하게 파악하세요."

실제 정답률 분석을 통하여 다수의 수험자가 오답을 고르게 된 핵심 원인을 설명하고, 이에 따른 올바른 문제 접근 방식을 제공합니다. 수험자들은 오답 원리를 공부하며 자신의 문제 풀이를 점검하고 더욱더 수준 높은 문제 접근 원리를 터득합니다.

3 이렇게 공부하세요!

이렇게 공부하세요!

영어 문장이 헷갈릴 때는 늘 먼저 주어와 주어의 동사를 찾아보세요. A가 말한 문장의 주어는 'it'이 될 테고 동사는 빈칸이 될 겁니다. 그렇다면 'it'은 무엇을 가리킬까요? '그것'일까요? 그러면 '그것'은 무엇인가요? 이런 식으로 추론을 하다 보면 'it'이 실체가 없는 가짜 주어라는 걸 깨닫게 되고 비로소 문장 구조를 이해하게 될 것입니다.

"영어 학습 방향을 바르게 잡으세요."

문항과 관련하여 좀 더 고차원적이고 심도 있는 영어 학습 방향을 제시합니다.

4 알짜 노트

미안하다고

알짜 노트

'sorry'는 '미안한' 감정을 나타내기도 하지만 '안타까운' 감정을 표현하기도 합니다.
I'm so sorry your brother got sick.
(네 남동생이 아프다니 안됐구나.)

"추가 정보와 함께 심화 학습을 완성하세요."

문항과 관련하여 별도의 학습 내용을 제공합니다.

9. B: It is a green desk.

G: _____

(A) You, too.

(B) Yes, I am.

(C) It looks nice.

짚고 넘어가기

❶ 책상을 묘사하고 있다는 걸 알았나요?

❷ 'it'이 책상을 나타낸다는 걸 알았나요?

❸ 'look'의 뜻과 쓰임새를 알았나요?

❹ (A)와 (B)가 답이 될 수 없는 이유를 알았나요?

❓ 왜 틀렸을까?

문장의 주어가 'it'(그것)이고, 그 'it'이 'a green desk'라고 하고 있네요. 소년이 어떤 물건을 보고 초록색 책상이라고 설명해주는 상황이 머릿속에 그려지나요? 그 상황이 그려진다면, 소녀는 그 책상을 'it'이라고 가리키며 근사해 보인다고 말할 수 있겠지요? 따라서 (C)가 정답이었습니다. 이를 파악하지 못한 친구들이 다른 답을 골랐습니다.

💬 입씨 노트

'look'의 쓰임새
'look'은 뒤에 'nice', 'beautiful', 'dirty', 'tall'과 같은 단어와 함께 쓰여서 '(사람이나 물건이) ~하게 보이다, ~처럼 보이다'라는 의미를 나타낸답니다.
ex) My mom looks beautiful.
(우리 엄마는 아름다워 보이셔.)
That building looks short.
(저 건물은 작아보여.)
Your shoes look old.
(네 신발은 낡아 보여.)

❗ 이렇게 공부하세요!

(C)가 정답인 것만 알고 넘어갈 수도 있지만, 나머지 (A)와 (B)가 왜 정답이 안 되는지 고민해보는 것도 유익한 공부 방법입니다. 그렇다면 (A)와 (B)가 답이 될 수 없는 이유를 알아볼까요?

(A)의 'You, too.'는 'You are a green desk, too.'(너도 초록색 책상이야.)를 짧게 말한 것입니다. 소년이 초록색 책상이라니, 엉뚱하지요? (B)에서도 'Yes, I am.'은 'Yes, I am a green desk.'라는 말인데요, 역시나 자신이 초록색 책상이라니 참으로 별난 대답이지요.

SECTION

I

정답률 75.20%

10. G: This is my brother.

B: _____

(A) No, I can't.

(B) Thank you.

(C) Nice to meet you.

✅ 짚고 넘어가기

✔❶ 소녀가 자신의 남동생을 소개하고 있다는 걸 알았나요?

✔❷ 'This is ~' 표현을 알았나요?

❓ 왜 틀렸을까?

'This is my brother.'라는 말을 듣고 소녀가 소년에게 자신의 남동생을 소개하고 있다는 상황이 머릿속에 그려졌나요? 그랬다면 정답인 (C)를 자연스럽게 골랐을 것입니다. 'This is ~'(이 사람은 ~야.)라는 표현을 잘 몰랐던 친구들이 오답을 골랐습니다.

💬 알짜 노트

This is ~ (이 사람은 ~야.)
여러분과 여러분의 친구 A, B가 모였습니다. 친구 A와 친구 B는 서로 모르는 사이인데요. 그렇다면 여러분이 중간에서 소개를 해줘야겠죠? 이때 쓸 수 있는 표현이 바로 'This is ~'랍니다. 친구들과 가족들과 이웃들과 연습해보세요!
ex) This is my English teacher, Ms. Khan.
   (이분은 제 영어 선생님, Khan 선생님이에요.)
   This is my Aunt Joel.
   (이분은 우리 Joel 고모야.)

4.

(A) drae

(B) drie

(C) draw

 짚고 넘어가기

✓❶ 'draw'(그리다) 단어와 발음을 정확히 알았나요?

✓❷ 'aw'의 발음을 알았나요?

? 왜 틀렸을까?

소녀가 붓을 들고 알록달록 물감으로 그림을 그리고 있네요. '그림을 그리다'를 나타내는 영어 단어는 무엇이었나요? 바로 'draw'(그리다)였습니다. 이를 몰랐던 친구들이 오답을 골랐지요. D, R, A, W, 알파벳 순서가 너무 생소했나요? 'dr'은 'dream'(꿈)의 /dr/과 발음이 똑같습니다. 'aw'는 우리말 'ㅓ'를 발음할 때 입술을 조금 둥글게 모아보세요. 그럼 비슷한 소리가 난답니다.

💬 알짜 노트

철자에 'aw'가 들어가는 단어를 좀 더 알아볼까요?
- seesaw 시소
- paw (발톱 달린) 발
- saw 봤다('see'의 과거형)
- raw 날것의
- law 법

정답률 79.37%

14.

Q: What are they doing?

   (A) They are writing.

   (B) They are painting.

   (C) They are taking photos.

✅ 짚고 넘어가기

✔❶ 아이들이 사진을 찍고 있다는 걸 파악했나요?

✔❷ 'paint'와 'take photos'의 뜻을 정확히 알았나요?

❓ 왜 틀렸을까?

아이들이 카메라를 들고 사진을 찍고 있네요. 그러니 사진을 찍고 있다고 말하는 (C)가 답이겠지요? 그런데 꽤 많은 친구들이 (B)를 골랐는데요. 아마 '그림'과 '사진'이 어떻게 보면 비슷한 것 같기도 하고, 알쏭달쏭 둘이 헷갈렸나 봅니다. 하지만 'paint'는 '그림을 그리다'라는 뜻이고, 'take pictures'는 '사진을 찍다'라는 뜻이니 잘 구분하기 바랍니다.

Actual Test 3

Section I

Listening and Speaking

Part **A** *Listen and Recognize*

5 Questions

Part **B** *Listen and Respond*

5 Questions

Part **C** *Listen and Retell*

5 Questions

Directions: Listen *TWICE* and choose the most suitable picture.

지시사항 1번부터 3번까지는 영어 단어를 듣고, 그림을 고르는 문제입니다. 문제를 잘 듣고 답을 고르세요. 문제는 **두 번씩** 들려줍니다.

1.

(A)

(B)

(C)

2.

(A)

(B)

(C)

3.

(A)

(B)

(C)

Directions: Listen *TWICE* and choose the right picture.

지시사항 4번과 5번은 짧은 문장을 듣고, 알맞은 그림을 고르는 문제입니다. 문장을 잘 듣고 답을 고르세요. 문제는 **두 번씩** 들려줍니다. 🎧

4.

(A)

(B)

(C)

5.

(A)

(B)

(C)

Directions: Listen *TWICE* and choose the best response.

지시사항 6번부터 10번까지는 대화 문제입니다. 문장을 잘 듣고, 뒤에 올 수 있는 말로 가장 알맞은 답을 고르세요. 문제는 **두 번씩** 들려줍니다.

6.

(A) I'm sorry.

(B) You're welcome.

(C) It's my birthday.

7.

(A) Yes, I have.

(B) No, thank you.

(C) Yes, a little bit.

8.

(A) Yes, I can.

(B) No, I'm not.

(C) My name is Tony.

9.

(A) Wonderful.

(B) It's 5 o'clock.

(C) Today is Saturday.

10.

(A) Sure.

(B) I'm a boy.

(C) It's Sunday.

Directions: Listen *TWICE* and choose the best picture for the question.

지시사항 11번부터 15번까지는 대화를 듣고, 질문에 맞는 그림을 고르는 문제입니다. 두 명의 대화를 잘 듣고, 질문에 알맞은 답을 고르세요. 문제는 **두 번씩** 들려 줍니다. 🎧

11. What place does the boy like?

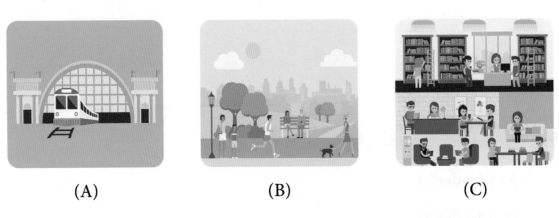

(A)   (B)   (C)

12. What are they doing?

(A)   (B)   (C)

13. How's the weather?

(A) (B) (C)

14. What color is the tree?

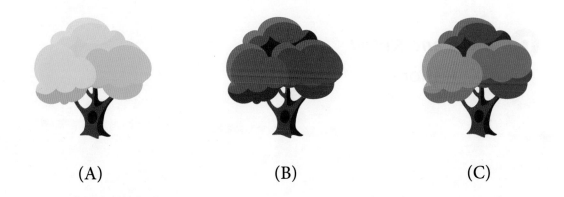

(A) (B) (C)

15. How does the boy feel?

(A) (B) (C)

Reading and Writing

Part **A** *Spell the Words*

5 Questions

Part **B** *Look and Recognize*

5 Questions

Part **C** *Look and Respond*

5 Questions

Part **D** *Read and Retell*

5 Questions

Directions: Read the words and choose the best letter for each blank.

지시사항 1번에서 2번까지는 빈칸을 알맞게 채워 단어를 완성하는 문제입니다. 가장 알맞은 답을 고르세요.

1.

oran__e

(A) g

(B) l

(C) s

2.

__ireman

(A) m

(B) f

(C) l

Directions: Look at the pictures and choose the correctly spelled word.

지시사항 3번부터 5번까지는 그림을 보고, 단어의 철자를 바르게 나열한 것을 고르는 문제입니다.

3.

(A) retig

(B) tiger

(C) giert

4.

(A) kwal

(B) lawk

(C) walk

5.

(A) chair

(B) hciar

(C) raich

Directions: Look at the picture and choose the sentence which best describes the picture.

지시사항 6번부터 10번까지는 그림을 보고, 그림이 묘사하고 있는 상황에 맞는 영어 문장을 고르는 문제입니다.

6.

(A) It is a door.

(B) It is a book.

(C) It is a desk.

7.

(A) There are three pigs.

(B) There are seven pigs.

(C) There are eight pigs.

8.

(A) He is cooking.

(B) He is cleaning.

(C) He is drawing.

9.

(A) The girl is sad.

(B) The girl is happy.

(C) The girl is angry.

10.

(A) He plays golf.

(B) He plays tennis.

(C) He plays baseball.

Directions: Look at the picture and choose the best answer to the question.

지시사항 11번부터 15번까지는 그림을 보고, 질문에 답하는 문제입니다. 질문에 가장 알맞은 답을 보기에서 고르세요.

11.

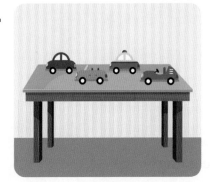

Q: How many cars are on the table?

(A) There are two cars.

(B) There are four cars.

(C) There are seven cars.

12.

Q: What color is his hat?

(A) It's blue.

(B) It's green.

(C) It's yellow.

13.

Q: Where is the cat?

    (A) It's on the chair.

    (B) It's next to the chair.

    (C) It's under the chair.

14.

Q: Where is she going?

    (A) She is going home.

    (B) She is going to school.

    (C) She is going to an ice cream store.

15.

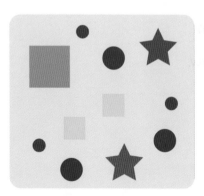

Q: How many squares are in the picture?

    (A) There is one square.

    (B) There are two squares.

    (C) There are three squares.

Directions: Read the following passages and choose the best answer.

For question 16, refer to the following passage.

What am I? You use me when you eat food. You put your food on me.
I can be many shapes. You can find me in the kitchen or dining room.

16. What am I?

(A) fire

(B) table

(C) window

It's sunny day today. Kids are playing in the park. There are animals, too. A blue bird is flying high. A cat watches the kids. It is a wonderful day.

17. What is the weather like today?

(A) rainy

(B) sunny

(C) snowy

18. Where do they play?

(A) at home

(B) at school

(C) in the park

For questions 19~20, refer to the following passage.

Hello, I am Tony. This is my family picture. There are five of us: Mom, Dad, my two sisters, and me. I have fun with my sisters. I like to play hide and seek with them. It is very fun. I love my family.

19. What does Tony like to play with his sisters?

(A) tag

(B) dress up

(C) hide and seek

20. How many sisters does Tony have?

(A) 1

(B) 2

(C) 3

심화문제 유형 및 만점 전략 3

1 짚고 넘어가기

(B) I wish you would leave.
(C) I'm so sorry for hurting you.
(D) Say sorry for hitting me with the ball.

✅ 짚고 넘어가기
✔ 'sorry for'의 의미와 쓰임새를 알았나요?
✔ (D)가 명령문이라는 걸 파악했나요?

"문항을 정확하게 이해했는지 스스로 점검하세요."

정답에 실마리가 되는 핵심 어휘와 표현 및 문장 구조, 정답을 도출해내는 데 결정적 증거가 되는 내용과 논리 등을 제대로 파악했는지 질문을 통하여 능동적으로 확인하도록 합니다.

2 왜 틀렸을까?

❓ 왜 틀렸을까?

과반수가 넘는 학생들이 (A)를 답으로 골랐습니다. 아마 질문을 '학교까지 달려가는데 얼마나 걸려?'라고 생각했나 봅니다. 하지만 이는 정확하지 않은 관찰입니다. 이 문장은 'it _____ to go to school.'를 How long 의문문으로 만든 것입니다. 가짜 주어 it이 주어의 자리를 차지하고 진짜 주어 'to go to school'(학교를 가는 것)이 뒤에 나온 것이지요. 따라서 동사의 자리인 빈칸에 알맞은 것은 '만큼의 시간이 걸리다'라는 뜻을 가진 (D) 'take' 밖에 없습니다.
그렇다면 '학교까지 달려가는데 얼마나 걸려?'는 정확히 영어로 어떻게 말할 수 있을까요? 'How long does it take to run to school?' 이겠지요.

"오답 원리를 확실하게 파악하세요."

실제 정답률 분석을 통하여 다수의 수험자가 오답을 고르게 된 핵심 원인을 설명하고, 이에 따른 올바른 문제 접근 방식을 제공합니다. 수험자들은 오답 원리를 공부하며 자신의 문제 풀이를 점검하고 더욱더 수준 높은 문제 접근 원리를 터득합니다.

3 이렇게 공부하세요!

❗ 이렇게 공부하세요!

영어 문장이 헷갈릴 때는 늘 먼저 주어와 주어의 동사를 찾아보세요. A가 말한 문장의 주어는 'it'이 될 테고 동사는 빈칸이 될 겁니다. 그렇다면 'it'은 무엇을 가리킬까요? '그것'일까요? 그러면 '그것'은 무엇인가요? 이런 식으로 추론을 하다 보면 'it'이 실체가 없는 가짜 주어라는 걸 깨닫게 되고 비로소 문장 구조를 이해하게 될 것입니다.

"영어 학습 방향을 바르게 잡으세요."

문항과 관련하여 좀 더 고차원적이고 심도 있는 영어 학습 방향을 제시합니다.

4 알짜 노트

"추가 정보와 함께 심화 학습을 완성하세요."

문항과 관련하여 별도의 학습 내용을 제공합니다.

미안하다고

📝 알짜 노트
Sorry는 '미안한' 감정을 나타내기도 하지만 '안타까운' 감정을 표현하기도 합니다.
I'm so sorry your brother got sick. (네 남동생이 아프다니 안됐다.)

7. B: Can you play the guitar? ✓❶

G: _____

(A) ✓❸ Yes, I have.

(B) ✓❸ No, thank you.

(C) ✓❷ Yes, a little bit.

✅ 짚고 넘어가기

✓❶ 소년의 질문을 정확히 파악했나요?

✓❷ 'a little bit'의 뜻을 정확히 알았나요?

✓❸ (A)와 (B)가 답이 될 수 없는 이유를 알았나요?

❓ 왜 틀렸을까?

Can이 들어가면 대답을 'Yes, I can.', 'No, I can't.'라고 대답하는 것에만 익숙했나 봅니다. 많은 친구들이 오답을 골랐는데요. 정답은 (C)였습니다. 기타를 연주할 줄 아는지 묻는 말에 조금('a little bit') 할 줄 안다고 충분히 대답할 수 있으니까요. 똑같은 문장이라도 다양하게 대답할 수 있다는 것을 알아두기 바랍니다.

❗ 이렇게 공부하세요!

오답 선지를 살펴보면 좀 더 깊은 영어 공부를 할 수 있답니다. (A)와 (B)를 살펴볼까요?
(A)는 얼핏 들으면 정답인 것 같지만, 'Yes, I have.'는 소년의 질문이 'Have you played the guitar?'(기타를 연주했니?)일 때 가능한 대답이랍니다. Have는 조금 어려울 수도 있지만, 지난 일을 말할 때 쓸 수 있다는 것만 알아두기 바랍니다. (B)의 'No, thank you.'(아니, 괜찮아.)는 제안을 거절할 때나 쓸 수 있는 말이죠? 엉뚱한 대답이었답니다.

G: I like the park.

B: I like the library.

정답률 68.68%

✔❶

11. What place does the boy like?

(A)

(B)

(C)

✔ 짚고 넘어가기

✔❶ 질문에서 'the boy'에 관해 묻고 있다는 걸 파악했나요?

✔❷ 소녀와 소년의 말을 정확히 구분해서 들었나요?

? 왜 틀렸을까?

소년이 어떤 장소를 좋아하는지 묻고 있습니다. 그렇다면 소년의 말에 집중해야겠죠? 소년이 도서관을 좋아한다고 직접 말했으니 (C)가 정답이었습니다. 누가 무슨 말을 하는지 구분하지 않고 들었던 친구들은 답을 고르는 데 어려움을 겪었는데요. 실제로 소녀가 좋아하는 장소인 (B)를 고른 친구들이 꽤 많았답니다.

! 이렇게 공부하세요!

앞으로 대화를 들을 때 항상 누가 말하고 있는지 집중해야 한다는 사실, 이제 아시겠죠? 다음의 예를 보면서 소년과 소녀의 말을 구분해서 들어야 하는 것이 왜 중요한지, 다시 한번 짚고 넘어가기 바랍니다.

ex) G: My dog loves toys.

B: My dog loves books.

두 사람이 위와 같이 말했습니다. 누구의 강아지가 책을 좋아할까요? 바로 소년의 강아지였습니다. 자기 강아지('my dog')가 책을 좋아한다고 말한 사람은 바로 소년이었으니까요.

8.

(A) He is cooking.

(B) He is cleaning.

(C) He is drawing.

✅ 짚고 넘어가기

✔❶ 소년이 그림을 그리고 있다는 사실을 파악했나요?

✔❷ 'cook', 'clean', 'draw'의 뜻을 정확히 알았나요?

❓ 왜 틀렸을까?

소년이 색연필로 그림을 그리고 있네요. 따라서 그림을 그리고 있다는 (C)가 정답이었습니다.
'draw'는 앞서 2회에서도 공부한 단어였죠? 혹시 'draw'가 낯설게 느껴져서 다른 답을 골랐다면,
다시 한번 복습하기 바랍니다.

💬 알짜 노트

동사(행동을 나타내는 단어) 복습
- cook 요리하다
- clean 청소하다
- draw 그리다

15.

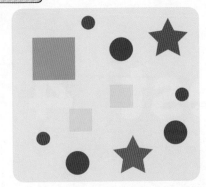

Q: How many squares are in the picture?

(A) There is one square.

(B) There are two squares.

(C) There are three squares.

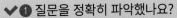

✅ 짚고 넘어가기

✔❶ 질문을 정확히 파악했나요?

✔❷ 'how many ~?' 표현을 알았나요?

✔❸ 'square'의 뜻을 알았나요?

✔❹ 'there is', 'there are' 표현을 알았나요?

❓ 왜 틀렸을까?

사진에서 정사각형이 몇 개 있는지 묻고 있네요. 사진을 보니 파란색 정사각형 하나, 노란색 정사각형 두 개, 총 세 개네요. 따라서 정답은 (B)였습니다.

💬 일자 노트

there is(are) ~ (~가 있다)
가방에 책이 두 권 있다는 걸 영어로 어떻게 말할 수 있을까요? 이때 사용할 수 있는 표현이 'there is(are) ~'(~가 있다)입니다. 그러면 'There are two books in my bag.'(가방에 책이 두 권 있다.)라고 말할 수 있겠죠?
보통 'there is ~'는 하나만 있을 때, 'there are ~'는 하나보다 더 많을 때 쓰인답니다.
(A)를 보면 'one square'는 정사각형이 한 개이니 'there is'를 사용했고 (B), (C)는 'two squares', 'three squares'이니 'there are'가 쓰였다는 걸 알 수 있겠죠?

Actual Test 4

Section I

Listening and Speaking

Part **A** *Listen and Recognize*
5 Questions

Part **B** *Listen and Respond*
5 Questions

C *Listen and Retell*
5 Questions

Directions: Listen *TWICE* and choose the most suitable picture.

지시사항 1번부터 3번까지는 영어 단어를 듣고, 그림을 고르는 문제입니다. 문제를 잘 듣고 답을 고르세요. 문제는 **두 번씩** 들려줍니다. 🎧A

1.

      (A)   (B)   (C)

2.

      (A)   (B)   (C)

3.

      (A)   (B)   (C)

Directions: Listen *TWICE* and choose the right picture.

지시사항 4번과 5번은 짧은 문장을 듣고, 알맞은 그림을 고르는 문제입니다. 문장을 잘 듣고 답을 고르세요. 문제는 **두 번씩** 들려줍니다.

4.

(A)

(B)

(C)

5.

(A)

(B)

(C)

Directions: Listen *TWICE* and choose the best response.

6.

(A) Me, too.

(B) Thank you.

(C) No, I can't.

7.

(A) I like pink.

(B) Sorry, I can't.

(C) I like flowers.

8.

(A) No, I'm not.

(B) Yes, you can.

(C) Okay, you are.

9.

(A) Here you go.

(B) That's my house.

(C) Okay, I'm ready.

10.

(A) You're welcome.

(B) I'm ten years old.

(C) My name is James.

Directions: Listen *TWICE* and choose the best picture for the question.

11. What are they looking at?

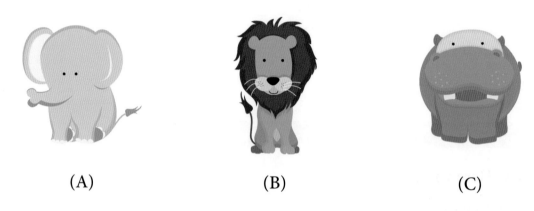

(A)　　　　　　　　(B)　　　　　　　　(C)

12. What is Susan eating?

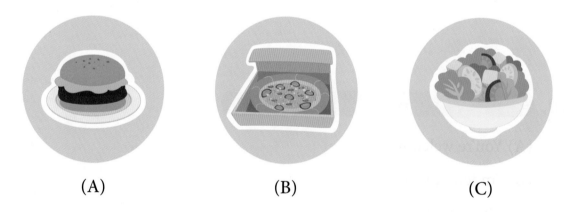

(A)　　　　　　　　(B)　　　　　　　　(C)

13. What does the boy like?

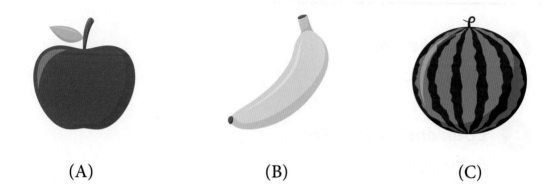

(A)　　　　　　　　(B)　　　　　　　　(C)

14. What does the boy ask the girl to open?

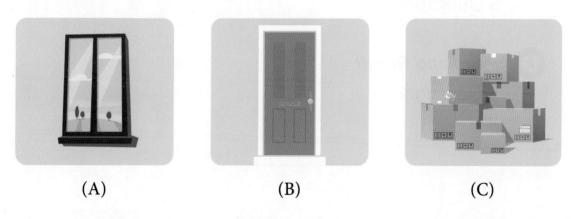

(A)　　　　　　　　(B)　　　　　　　　(C)

15. How many pencils does the girl have?

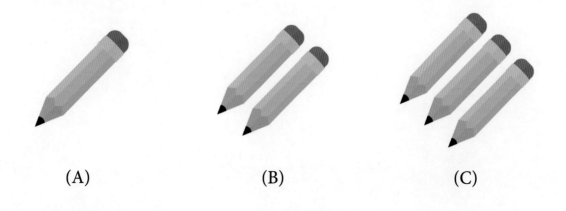

(A)　　　　　　　　(B)　　　　　　　　(C)

Section II

Reading and Writing

Part **A** *Spell the Words*
5 Questions

Part **B** *Look and Recognize*
5 Questions

Part **C** *Look and Respond*
5 Questions

Part **D** *Read and Retell*
5 Questions

Directions: Read the words and choose the best letter for each blank.

지시사항 1번에서 2번까지는 빈칸을 알맞게 채워 단어를 완성하는 문제입니다. 가장 알맞은 답을 고르세요.

1.

ho__se

(A) e

(B) u

(C) a

2.

cu__

(A) b

(B) t

(C) p

Directions: Look at the pictures and choose the correctly spelled word.

지시사항 3번부터 5번까지는 그림을 보고, 단어의 철자를 바르게 나열한 것을 고르는 문제입니다.

3.

(A) tree

(B) tere

(C) teer

4.

(A) meosu

(B) mouse

(C) soume

5.

(A) paino

(B) poain

(C) piano

Directions: Look at the picture and choose the sentence which best describes the picture.

6번부터 10번까지는 그림을 보고, 그림이 묘사하고 있는 상황에 맞는 영어 문장을 고르는 문제입니다.

6.

(A) There are grapes.

(B) There are apples.

(C) There are oranges.

7.

(A) She is angry.

(B) She is happy.

(C) She is sleepy.

8.

(A) He has two balls.

(B) He has three balls.

(C) He has four balls.

9.

(A) She is eating a banana.

(B) She is singing a song.

(C) She is writing a letter.

10.

(A) He has long hair.

(B) He has long legs.

(C) He has long arms.

Directions: Look at the picture and choose the best answer to the question.

지시사항   11번부터 15번까지는 그림을 보고, 질문에 답하는 문제입니다. 질문에 가장 알맞은 답을 보기에서 고르세요.

11.

Q: What time is it now?

   (A) It's four thirty.

   (B) It's six thirty.

   (C) It's six o'clock.

12.

Q: What is she wearing?

   (A) She is wearing pink pants.

   (B) She is wearing white shoes.

   (C) She is wearing pink shoes.

13.

Q: What are they doing?

(A) They are watching TV.

(B) They are singing a song.

(C) They are drawing pictures.

14.

Q: Who is he?

(A) He is a doctor.

(B) He is a policeman.

(C) He is a firefighter.

15.

Q: What is she doing?

(A) She is washing her dog.

(B) She is washing her feet.

(C) She is washing her face.

Directions: Read the following passages and choose the best answer.

지시사항 16번부터 20번까지는 글을 보고, 질문에 답하는 문제입니다. 질문에 가장 알맞은 답을 보기에서 고르세요.

For question 16, refer to the following passage.

What am I? I am a food. I am brown and very sweet. You can make cookies, cakes, and ice cream with me. Sometimes, you can even drink me.

16. What am I?

(A) jelly

(B) chocolate

(C) sweet potato

For questions 17~18, refer to the following passage.

Charlie goes to summer camp. At the camp, he runs and plays soccer with other kids. He eats pasta and chicken. He is very happy. He loves the camp!

17. Where is Charlie?

(A) at a park

(B) at a camp

(C) at a restaurant

18. What does Charlie do at the camp?

(A) eat pizza

(B) play basketball

(C) run with kids

For questions 19~20, refer to the following passage.

I love to play with my dog. His name is Max. He is white with black spots. Max is 3 years old. He likes to play in the water. Max is my best friend.

19. How old is Max?

(A) 1 year old

(B) 3 years old

(C) 5 years old

20. What does Max like to do?

(A) play soccer

(B) play in the water

(C) play with cats

심화문제 유형 및 만점 전략 4

1 짚고 넘어가기

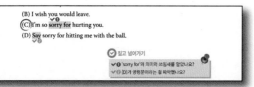

"문항을 정확하게 이해했는지 스스로 점검하세요."

정답에 실마리가 되는 핵심 어휘와 표현 및 문장 구조, 정답을 도출해내는 데 결정적 증거가 되는 내용과 논리 등을 제대로 파악했는지 질문을 통하여 능동적으로 확인하도록 합니다.

2 왜 틀렸을까?

? 왜 틀렸을까?
과반수가 넘는 학생들이 (A)를 답으로 골랐습니다. 아마 질문을 '학교까지 달려가는데 얼마나 걸려?'라고 생각했나 봅니다. 하지만 이는 정확하지 않은 관찰입니다. 이 문장은 'it ＿＿ to go to school.'를 How long 의문문으로 만든 것입니다. 가짜 주어 it이 주어의 자리를 차지하고 진짜 주어 'to go to school'('학교를 가는 것')이 뒤에 나온 것이지요. 따라서 동사의 자리라 빈칸에 알맞은 것은 '~만큼의 시간이 걸리다'라는 뜻을 가진 (D) 'take' 밖에 없습니다.
그렇다면 '학교까지 달려가는데 얼마나 걸려?'는 정확히 영어로 어떻게 말할 수 있을까요? 'How long does it take to run to school?' 이것이지요.

"오답 원리를 확실하게 파악하세요."

실제 정답률 분석을 통하여 다수의 수험자가 오답을 고르게 된 핵심 원인을 설명하고, 이에 따른 올바른 문제 접근 방식을 제공합니다. 수험자들은 오답 원리를 공부하며 자신의 문제 풀이를 점검하고 더욱더 수준 높은 문제 접근 원리를 터득합니다.

3 이렇게 공부하세요!

! 이렇게 공부하세요!
영어 문장이 헷갈릴 때는 늘 먼저 주어와 주어의 동사를 찾아보세요. A가 말한 문장의 주어는 'it'이 될 테고 동사는 빈칸이 될 겁니다. 그렇다면 'it'은 무엇을 가리킬까요? '그것'일까요? 그러면 '그것'은 무엇인가요? 이런 식으로 추론을 하다 보면 'it'이 실체가 없는 가짜 주어라는 걸 깨닫게 되고 비로소 문장 구조를 이해하게 될 것입니다.

"영어 학습 방향을 바르게 잡으세요."

문항과 관련하여 좀 더 고차원적이고 심도 있는 영어 학습 방향을 제시합니다.

4 알짜 노트

"추가 정보와 함께 심화 학습을 완성하세요."

문항과 관련하여 별도의 학습 내용을 제공합니다.

8. G: Can I have a pen? ✔①

B: _____

✔②
(A) No, I'm not.

(B) Yes, you can.

✔②
(C) Okay, you are.

✔ 짚고 넘어가기

✔① 소녀의 질문을 정확히 이해했나요?

✔② (A)와 (C)가 답이 될 수 없는 이유를 파악했나요?

❓ 왜 틀렸을까?

소녀가 펜을 가질 수 있는지 can을 사용해서 부탁하고 있네요. 그러면 그럴 수 있다고 똑같이 can을 사용해서 허락할 수 있겠죠? 따라서 (B)가 답이었습니다. 그런데 많은 친구들이 (C)를 답으로 골랐는데요. (C)는 'Okay'만 얼핏 들으면 맞는 대답 같지만, Can을 사용한 질문에 'you are'는 아주 어색한 대답이랍니다.

❗ 이렇게 공부하세요!

Yes, I am. Yes, I do. Yes, I can....
언제 어떻게 대답해야할지 헷갈리나요? 원래 문장이 어땠을지 생각해보면 그다지 어렵지 않답니다. 다음의 예를 보며 공부하기 바랍니다.

ex) Are you a student? 너는 학생이니? → Yes, I am (a student). 응 (나는 학생이야).

Do you study hard? 너는 공부를 열심히 하니? → Yes, I do (study hard). 응 (나는 공부를 열심히 해).

Can you read fast? 너는 빨리 읽을 수 있니? → Yes, I can (read fast). 응 (나는 빨리 읽을 수 있어).

정답률 25.95%

9. B: Let's go home.

G: _____

(A) Here you go.

(B) That's my house.

(C) Okay, I'm ready.

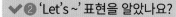

✔ 짚고 넘어가기

✔❶ 소년의 말을 이해했나요?

✔❷ 'Let's ~' 표현을 알았나요?

✔❸ 'Here you go.' 표현을 알았나요?

? **왜 틀렸을까?**

소년이 집으로 가자고 제안하고 있습니다. 이를 통해 두 사람이 집이 아닌 곳에 있다는 사실을 알 수 있고, 소녀는 집으로 갈 준비가 됐다('I'm ready [to go]')고 대답할 수 있겠지요. 따라서 (C)가 정답이었습니다. 이 상황을 그려 내기 쉽지 않아 어려운 문항이었는데요. 이를 파악하지 못해 정말 많은 친구들이 (A)와 (B)를 골랐습니다.

💬 알짜 노트

Let's ~. (~ 하자.)
여러분이 친구랑 함께 숙제를 끝냈습니다. 숙제를 끝냈으니 밖으로 나가서 놀고 싶은데 친구한테 밖으로 가서 놀자는 말은 영어로 어떻게 할 수 있을까요? 바로 여기서 무엇을 하자고 제안하는 'Let's ~.' 표현을 쓸 수 있습니다. 그렇다면 'Let's play outside.'(밖에 나가서 놀자.)라고 할 수 있겠지요?

! **이렇게 공부하세요!**

정답인 (C) 뿐만 아니라, 나머지 (A)와 (B)가 왜 정답이 될 수 없는지 살펴보는 것도 크나큰 공부가 된답니다. 그렇다면 (A)와 (B)를 좀 더 살펴볼까요?
(A)는 정말 헷갈릴 수 있는 문장이었습니다. 집으로 가자('go home')고 했으니 'Here you go.'가 마치 '너만 가라.'라고 느껴질 수 있었습니다. 하지만 'Here you go.'는 앞서 나온 'Here it is.'(여기 있어.)와 마찬가지로 상대방에게 무언가를 건네주면서 쓸 수 있는 표현입니다. (B)는 소년의 말에서 'home'과 (B)에 나온 'house'가 참으로 비슷한 단어이지요? 그래서 많은 친구가 헷갈렸답니다.

12.

Q: What is she wearing?

(A) She is wearing pink pants.

(B) She is wearing white shoes.

(C) She is wearing pink shoes.

✔ 짚고 넘어가기

✔❶ 질문을 정확히 파악했나요?

✔❷ 'pink'와 'white'의 뜻을 알았나요?

✔❸ 'pants'와 'shoes'의 뜻을 알았나요?

✔❹ 바지와 신발의 색깔을 확인하며 풀었나요?

? 왜 틀렸을까?

소녀가 무엇을 입고 있는지 물었으니 그림과 비교해서 고르면 되는 문제였습니다. (A)는 소녀가 검은색 바지를 입고 있으니 오답이고, (B)는 소녀의 신발이 하얀색이 아니니 오답입니다. 그렇다면 정답은 (C)이겠네요. 소녀는 분홍색 신발을 신고 있으니까요! 문장과 사진을 꼼꼼히 비교해가며 풀어야 하는 쉽지 않은 문항이었습니다. 제법 많은 친구들이 문장에서 나온 단어 중 몇 개를 정확히 몰라 오답을 골랐습니다.

알짜 노트

pants와 shoes의 -s

사과가 하나면 an apple, 사과가 하나보다 많으면 apples라는 사실을 잘 알지요? apples의 -s처럼 -s는 여러 개를 나타내고 싶을 때 단어의 뒤에 찰싹 따라붙습니다. 그런데 pants와 shoes는 '바지 한 개'와 '신발 한 켤레'인데 왜 -s가 붙었을까요?

이는 우리말과 조금 달라 학생들이 많이 어려워하는 부분인데요. 바로 '바지 다리 부분이 두 짝', '신발 두 짝'이라는 의미에서 -s가 붙은 것입니다. 따라서 여러분의 신발 한 켤레가 새것이라고 자랑하고 싶다면 'My shoe is new.' 가 아니라 'My shoes are new.'라고 말해야 하지요.

What am I? I am a food. I am brown and very sweet. You can make cookies, cakes, and ice cream with me. Sometimes, you can even drink me.

정답률 40.54%

16. Who am I?

(A) jelly

(B) chocolate

(C) sweet potato

✓ 짚고 넘어가기

✓❶ 글에 나온 단서를 모두 생각했나요?

✓❷ 'sweet potato'의 뜻을 알았나요?

❓ 왜 틀렸을까?

주어진 글에 나타난 단서를 읽고 무슨 음식인지 맞춰야 하는 재미난 문항입니다. 단서를 전부 생각해서 정답을 골라내야겠지요? 색깔이 갈색이고, 아주 달콤하며, 쿠키, 케이크, 아이스크림으로도 만들고 마실 수도 있는 것, 과연 무엇일까요? 초콜릿 쿠키, 초콜릿 케이크, 초콜릿 아이스크림, 그리고 끈끈하게 흐르는 녹인 초콜릿이 떠오르지 않나요? 정답은 (B)였습니다. 그런데 많은 친구들이 (C) 'sweet potato'를 골랐는데요. 아마도 글에서 'sweet'라고 하는 바람에 똑같이 'sweet'가 있는 (C)를 골랐나 봅니다.

Actual Test 5

Section I

Listening and Speaking

Part **A** *Listen and Recognize*
5 Questions

Part **B** *Listen and Respond*
5 Questions

Part **C** *Listen and Retell*
5 Questions

Directions: Listen *TWICE* and choose the most suitable picture.

지시사항 1번부터 3번까지는 영어 단어를 듣고, 그림을 고르는 문제입니다. 문제를 잘 듣고 답을 고르세요. 문제는 **두 번씩** 들려줍니다.

1.

(A)   (B)   (C)

2.

(A)   (B)   (C)

3.

(A)   (B)   (C)

PART Ⓐ

Directions: Listen *TWICE* and choose the right picture.

지시사항 4번과 5번은 짧은 문장을 듣고, 알맞은 그림을 고르는 문제입니다. 문장을 잘 듣고 답을 고르세요. 문제는 **두 번씩** 들려줍니다. 🎧A

4.

(A)　　　　　　　　(B)　　　　　　　　(C)

5.

(A)　　　　　　　　(B)　　　　　　　　(C)

PART B Listen and Respond

Directions: Listen *TWICE* and choose the best response.

지시사항 6번부터 10번까지는 대화 문제입니다. 문장을 잘 듣고, 뒤에 올 수 있는 말로 가장 알맞은 답을 고르세요. 문제는 **두 번씩** 들려줍니다.

6.

(A) You are seven.

(B) It is Thursday today.

(C) Nice to meet you too.

7.

(A) I like flowers.

(B) She is my mother.

(C) I am eight years old.

8.

(A) Yes, I do.

(B) Yes, I can.

(C) No, I can't.

9.

(A) Thank you.

(B) Yes, me too.

(C) You're welcome.

10.

(A) I love trees.

(B) It's on Thursday.

(C) My name is James.

Directions: Listen *TWICE* and choose the best picture for the question.

지시사항 11번부터 15번까지는 대화를 듣고, 질문에 맞는 그림을 고르는 문제입니다. 두 명의 대화를 잘 듣고, 질문에 알맞은 답을 고르세요. 문제는 **두 번씩** 들려 줍니다.

11. What are they looking at?

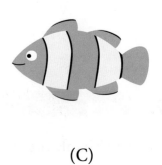

(A)   (B)   (C)

12. What is Jen drawing?

(A)   (B)   (C)

13. What does the boy like?

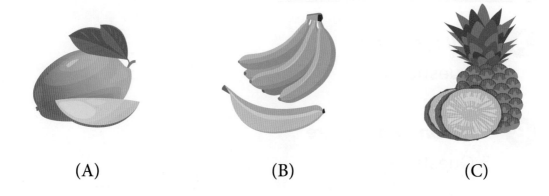

(A) (B) (C)

14. What does the boy ask the girl to do?

(A) (B) (C)

15. What time is it now?

(A) (B) (C)

Section II

Reading and Writing

Part **A** *Spell the Words*

5 Questions

Part **B** *Look and Recognize*

5 Questions

Part **C** *Look and Respond*

5 Questions

Part **D** *Read and Retell*

5 Questions

Directions: Read the words and choose the best letter for each blank.

지시사항   1번에서 2번까지는 빈칸을 알맞게 채워 단어를 완성하는 문제입니다. 가장 알맞은 답을
고르세요.

1.

ele__hant

(A) p

(B) c

(C) q

2.

__mile

(A) h

(B) s

(C) g

Directions: Look at the pictures and choose the correctly spelled word.

3번부터 5번까지는 그림을 보고, 단어의 철자를 바르게 나열한 것을 고르는 문제입니다.

3.

(A) hoes

(B) ohes

(C) shoe

4.

(A) brewn

(B) brown

(C) blown

5.

(A) friends

(B) brands

(C) freends

Directions: Look at the picture and choose the sentence which best describes the picture.

지시사항 6번부터 10번까지는 그림을 보고, 그림이 묘사하고 있는 상황에 맞는 영어 문장을 고르는 문제입니다.

6.

(A) It is sunny.

(B) It is raining.

(C) It is snowing.

7.

(A) The man is fat.

(B) The man is tall.

(C) The man is short.

8.

(A) There are only two balloons.

(B) There are only five balloons.

(C) There are only seven balloons.

9.

(A) The boy is eating pizza.

(B) The boy is eating ice cream.

(C) The boy is eating a hamburger.

10.

(A) She's wearing a red hat.

(B) She's wearing a blue hat.

(C) She's wearing a green hat.

Directions: Look at the picture and choose the best answer to the question.

지시사항 11번부터 15번까지는 그림을 보고, 질문에 답하는 문제입니다. 질문에 가장 알맞은 답을 보기에서 고르세요.

11.

Q: Where are they going?

(A) They are going to a beach.

(B) They are going to school.

(C) They are going to a theater.

12.

Q: Which color train is the monkey on?

(A) red

(B) blue

(C) orange

13.

Q: What is he doing?

(A) He is playing a violin.

(B) He is singing a song.

(C) He is dancing on the floor.

14.

Q: Where is she?

(A) She is in the garden.

(B) She is in the market.

(C) She is in the hospital.

15.

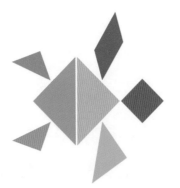

Q: How many triangles are there?

(A) one

(B) three

(C) five

PART **D**   Read and Retell

Directions: Read the following passages and choose the best answer.

지시사항   16번부터 20번까지는 글을 보고, 질문에 답하는 문제입니다. 질문에 가장 알맞은 답을 보기에서 고르세요.

For question 16, refer to the following passage.

What am I? I always come in pairs. I cover your feet and protect them. I have many names. People can call me sandals and boots, too.

16. What am I?

(A) jeans

(B) shoes

(C) glasses

For questions 17~18, refer to the following passage.

My name is Henry. I am ten years old. I have one younger sister. Her name is Emily, and she is eight years old. We ride bikes in the park every day. It's so fun to ride bikes.

17. How old is Emily?

(A) 6

(B) 8

(C) 10

18. Where do they ride bikes?

(A) in the park

(B) on the street

(C) in the school

For questions 19~20, refer to the following passage.

I'm Haley. My mom, my dad, and I are very happy now! My baby sister is coming next month. I give my toys to her. Mom buys a bed for her. Dad buys a baby sofa for her.

19. What does Dad buy for the baby?

   (A) toys

   (B) a bed

   (C) a baby sofa

20. When is the baby coming?

   (A) in a day

   (B) in a week

   (C) in a month

심화문제 유형 및 만점 전략 5

1 짚고 넘어가기

"문항을 정확하게 이해했는지 스스로 점검하세요."

정답에 실마리가 되는 핵심 어휘와 표현 및 문장 구조, 정답을 도출해내는 데 결정적 증거가 되는 내용과 논리 등을 제대로 파악했는지 질문을 통하여 능동적으로 확인하도록 합니다.

2 왜 틀렸을까?

? 왜 틀렸을까?

과반수가 넘는 학생들이 (A)를 답으로 골랐습니다. 아마 질문을 '학교까지 달려가는데 얼마나 걸려?'라고 생각했나 봅니다. 하지만 이는 정확하지 않은 관찰입니다. 이 문장은 'it _____ to go to school.'를 How long 의문문으로 만든 것입니다. 가짜 주어 it이 주어의 자리를 차지하고 진짜 주어 'to go to school'(학교를 가는 것)이 뒤에 나온 것이지요. 따라서 동사의 자리인 빈칸에 알맞은 것은 '~만큼의 시간이 걸리다'라는 뜻을 가진 (D) 'take' 밖에 없습니다.

그렇다면 '학교까지 달려가는데 얼마나 걸려?'는 정확히 영어로 어떻게 말할 수 있을까요? 'How long does it take to run to school?'이겠지요.

"오답 원리를 확실하게 파악하세요."

실제 정답률 분석을 통하여 다수의 수험자가 오답을 고르게 된 핵심 원인을 설명하고, 이에 따른 올바른 문제 접근 방식을 제공합니다. 수험자들은 오답 원리를 공부하며 자신의 문제 풀이를 점검하고 더욱더 수준 높은 문제 접근 원리를 터득합니다.

3 이렇게 공부하세요!

! 이렇게 공부하세요!

영어 문장이 헷갈릴 때는 늘 먼저 주어와 주어의 동사를 찾아보세요. A가 말한 문장의 주어는 'it'이 될 테고 동사는 빈칸이 될 겁니다. 그렇다면 'it'은 무엇을 가리킬까요? '그것'일까요? 그러면 '그것'은 무엇인가요? 이런 식으로 추론을 하다 보면 'it'이 실체가 없는 가짜 주어라는 걸 깨닫게 되고 비로소 문장 구조를 이해하게 될 것입니다.

"영어 학습 방향을 바르게 잡으세요."

문항과 관련하여 좀 더 고차원적이고 심도 있는 영어 학습 방향을 제시합니다.

4 알짜 노트

"추가 정보와 함께 심화 학습을 완성하세요."

문항과 관련하여 별도의 학습 내용을 제공합니다.

정답률 83.62%

10. G: When is your birthday?

B: _____

(A) I love trees.

(B) It's on Thursday.

(C) My name is James.

짚고 넘어가기

✔️❶ 소녀의 말을 정확히 들었나요?
✔️❷ 'when'의 뜻과 쓰임새를 알았나요?
✔️❸ 'on + 요일' 표현을 알았나요?

? 왜 틀렸을까?

소년의 생일이 언제인지 묻고 있네요. 그렇다면 생일이 언제인지 말해주는 게 자연스럽겠죠? 따라서 생일이 목요일이라고 대답하는 (B)가 정답이었습니다. 만약에 무엇이 언제 일어났는지 물어볼 때 사용하는 'when'을 몰랐다면 질문을 파악하지 못해 오답을 골랐겠지요. 또한, (B)의 'it'이 바로 소년의 'birthday'를 나타내고 있다는 점도 확인하고 넘어가기 바랍니다.

99 알짜 노트

'on + 요일'
월요일에, 토요일에.....
여기서 '~에'는 영어로 어떻게 표현할 수 있을까요?
바로 'on + 요일' 표현을 쓸 수 있답니다.
ex) Paul goes swimming on Monday.
(Paul은 월요일에 수영을 해.)
Mina plays piano on Saturday.
(Mina는 토요일에 피아노를 연주해.)

126   **TOSEL** 심화문제집

> ✔①   ✔②
> B: Can you clean your room?
> G: Sure, no problem.
>   ✔③

정답률 79.81%

14. What does the boy ask the girl to do?

(A)   (B)   (C)

✅ 짚고 넘어가기

✔① Can you ~? 표현을 알았나요?

✔② 'clean your room'을 정확히 듣고 뜻을 파악했나요?

✔③ 'no problem'의 뜻과 쓰임새를 알았나요?

❓ 왜 틀렸을까?

소녀에게 방을 치울 수 있는지 부탁하고 있으니 청소하고 있는 소녀 그림 (B)가 정답이겠죠? 만약 'clean your room'을 듣지 못했거나 뜻을 정확히 몰랐다면 여기저기 헤매다 오답을 고를 수 있었습니다. 소녀가 'Sure, no problem.'(물론, 문제없어.)라며 남자의 부탁을 받아들이고 있다는 점도 확인하고 넘어가기 바랍니다.

💬 알짜 노트

Can you ~?
여러분의 동생이 장난감을 가지고 놀다가 온 집안을 어질러 놓았습니다. 동생한테 자기 방은 자기가 치우라고 말해주고 싶은데요. 영어로 어떻게 할 수 있을까요? 그때 쓸 수 있는 표현이 바로 Can you ~?(~ 해줄 수 있어?)입니다.
집이 어질러 있어서 화가 나지만, 동생에게 'Clean your room.'(네 방을 치워라.)이라고 차갑게 말하는 것보다 'Can you clean your room?'(네 방을 치워줄 수 있어?)라고 부탁하는 게 훨씬 더 부드럽고 공손하게 느껴질 수 있겠지요?

7.

(A) The man is fat.

(B) The man is tall.

(C) The man is short.

✅ 짚고 넘어가기

✔❶ 'fat', 'tall', 'short'의 뜻을 알았나요?
✔❷ 그림에서 여자가 아닌 남자의 특징을 살펴보았나요?

❓ 왜 틀렸을까?

(A), (B), (C) 모두 남자의 생김새를 표현하고 있네요. 그러면 그림에서 남자의 모습을 살펴봐야겠죠? 그림에 두 사람이 있으니, 둘이 비교했을 때 두드러지는 남자의 특징을 살펴보면 됩니다. 남자가 옆에 서 있는 여자보다 키가 훨씬 더 크다는 점을 알아차렸나요? 따라서 정답은 (B)였습니다. 남자가 아니라 여자의 생김새를 살펴봤다거나, 생김새를 묘사하는 단어 'fat', 'tall', 'short'의 뜻을 정확히 몰랐다면 오답을 골랐겠지요.

💬 알짜 노트

생김새를 묘사하는 단어 복습
- fat 뚱뚱한
- tall 키가 큰
- short 키가 작은, 짧은

I'm Haley. My mom, my dad, and I are very happy now! My baby sister is coming next month. I give my toys to her. Mom buys a bed for her. Dad buys a baby sofa for her. ✔②

정답률 72.18%

19. ✔① **What does Dad buy for the baby?**

    (A) toys

    (B) a bed

    (C) a baby sofa

✅ 짚고 넘어가기

✔① 아빠가 무엇을 샀는지 물어보고 있다는 걸 파악했나요?
✔② 글에서 아빠('Dad')라는 단어에 집중했나요?

❓ 왜 틀렸을까?

질문에서는 분명 아빠가 아기를 위해 무엇을 샀는지 물어보고 있습니다. 마지막 문장에서 'Dad buys a baby sofa for her.'(아빠는 그녀를 위해 아기 소파를 사신다.)라고 했으니 정답은 (C)였지요. 그런데 꽤 많은 친구들이 (A)와 (B)를 골랐는데요. (A) toys는 글쓴이가 아기에게 준 선물이고, (B) a bed는 엄마가 아기를 위해 산 선물이었습니다. 아마 아빠가 무엇을 샀는지 물어보는 문제라는 걸 생각해두지 않고 냅다 글을 읽었다거나, 문장을 읽을 때 문장의 주인인 '주어'를 확인하지 않아 오답을 골랐겠지요.

❗ 이렇게 공부하세요!

문장의 주인 '주어'는 보통 문장 앞에 나와서 누가 무엇을 하는지 말해준답니다.
Grandpa makes cookies for me.(할아버지께서는 나를 위해 쿠키를 만들어 주신다.)라는 문장이 있습니다. 여기서 쿠키를 굽는 사람은 누구일까요? 바로 '내'가 아니라 '할아버지'이지요. 이 문장의 주인인 '주어'는 'Grandpa'(할아버지)이기 때문입니다.
이제 다음 세 문장의 주어가 무엇인지 알 수 있고, 19번의 정답도 쉽게 찾을 수 있겠지요?
I give my toys to her. / Mom buys a bed for her. / Dad buys a baby sofa for her.
긴 영어 문장을 읽을 때 어떻게 읽어야 할지 막막한 적이 있었지요? 영어 문장을 읽을 때 가장 기본은 바로 문장의 주인인 '주어'를 찾는 것이랍니다. 앞으로 긴 영어 문장을 읽을 때 어렵게 느껴진다면 먼저 '주어'를 찾으려고 노력해보세요!

Appendix

A

always	adv. 항상
arm	n. 팔

B

backpack	n. 배낭
balloon	n. 풍선
baseball	n. 야구
basketball	n. 농구
bathroom	n. 화장실
be good at	~을 잘하다
beach	n. 해변
behind	prep. 뒤(에)
board game	n. 보드게임
boots	n. 부츠
brown	n. 갈색의

C

candle	n. 초
chair	n. 의자
children	n. 아이들(child의 복수)
cousin	n. 사촌
cover	v. 덮다

D

dining room	n. 응접실
drink	v. 마시다
duck	n. 오리

E

elephant	n. 코끼리
even	adv. ~도(조차)

F

face	n. 얼굴
fat	adj. 뚱뚱한
favorite	adj. 마음에 드는, 매우 좋아하는
feet	n. 발 (foot의 복수형)
fireman	n. 소방관

G

garden	n. 정원
glasses	n. 안경
goat	n. 염소
guitar	n. 기타

H

hamster	n. 햄스터
hate	v. 싫어하다
hide and seek	n. 숨바꼭질
hospital	n. 병원
house	n. 집

K

| kitchen | n. 주방 |

L

| lemonade | n. 레모네이드, 레몬 탄산음료 |
| livingroom | n. 거실 |

M

mango	n. 망고
market	n. 시장
mouse	n. 쥐

N

name	n. 이름
next to	prep. 옆에
note	n. 메모, 편지, 쪽지

O

| on | prep. 위에 |
| only | adj. ~밖에, 오직 |

P

pair	n. 짝, 쌍
pants	n. 바지
pasta	n. 파스타
pig	n. 돼지
protect	v. 보호하다

purple	n. 보라색	soccer field	n. 축구 경기장
put	v. 놓다	sofa	n. 소파

R

		sometimes	adv. 때때로
rain boots	n. 장화	spot	n. 점
rainy	adj. 비오는	stay	v. 머무르다, 지내다
restaurant	n. 식당	street	n. 거리
ride	v. (차량, 자전거 등을) 타다	student	n. 학생

S

		study	v. 공부하다
sandals	n. 샌들	summer camp	n. 여름캠프
scarf	n. 목도리	sweet	adj. 달콤한, 단
shape	n. 모양	sweet potato	n. 고구마
shiny	adj. 빛나는	swim	v. 수영하다, 헤엄치다
short	adj. 짧은		

T

singer	n. 가수	take photos	사진 찍다
sled	n. 썰매	tall	adj. 키가 큰, 높은
smooth	adj. 매끄러운	theater	n. 영화관
snowman	n. 눈사람	tie	n. 넥타이

tiger	n. 호랑이
toy	n. 장난감
train	n. 열차
tree	n. 나무
triangle	n. 삼각형

umbrella	n. 우산
under	prep. 아래에

volleyball	n. 배구

water	n. 물
watermelon	n. 수박
weather	n. 날씨
winter	n. 겨울
wonderful	adj. 아주 멋진, 훌륭한

younger	adj. (young의 비교급) 더 어린

국제영어능력인증시험 (TOSEL)

pre-STARTER

한글이름	감독확인

수 험 번 호

(1)

(2)

SECTION I

문항	A	B	C	D	문항	A	B	C	D
1	Ⓐ	Ⓑ	Ⓒ	Ⓓ	11	Ⓐ	Ⓑ	Ⓒ	Ⓓ
2	Ⓐ	Ⓑ	Ⓒ	Ⓓ	12	Ⓐ	Ⓑ	Ⓒ	Ⓓ
3	Ⓐ	Ⓑ	Ⓒ	Ⓓ	13	Ⓐ	Ⓑ	Ⓒ	Ⓓ
4	Ⓐ	Ⓑ	Ⓒ	Ⓓ	14	Ⓐ	Ⓑ	Ⓒ	Ⓓ
5	Ⓐ	Ⓑ	Ⓒ	Ⓓ	15	Ⓐ	Ⓑ	Ⓒ	Ⓓ
6	Ⓐ	Ⓑ	Ⓒ	Ⓓ					
7	Ⓐ	Ⓑ	Ⓒ	Ⓓ					
8	Ⓐ	Ⓑ	Ⓒ	Ⓓ					
9	Ⓐ	Ⓑ	Ⓒ	Ⓓ					
10	Ⓐ	Ⓑ	Ⓒ	Ⓓ					

SECTION II

문항	A	B	C	D	문항	A	B	C	D
1	Ⓐ	Ⓑ	Ⓒ	Ⓓ	11	Ⓐ	Ⓑ	Ⓒ	Ⓓ
2	Ⓐ	Ⓑ	Ⓒ	Ⓓ	12	Ⓐ	Ⓑ	Ⓒ	Ⓓ
3	Ⓐ	Ⓑ	Ⓒ	Ⓓ	13	Ⓐ	Ⓑ	Ⓒ	Ⓓ
4	Ⓐ	Ⓑ	Ⓒ	Ⓓ	14	Ⓐ	Ⓑ	Ⓒ	Ⓓ
5	Ⓐ	Ⓑ	Ⓒ	Ⓓ	15	Ⓐ	Ⓑ	Ⓒ	Ⓓ
6	Ⓐ	Ⓑ	Ⓒ	Ⓓ	16	Ⓐ	Ⓑ	Ⓒ	Ⓓ
7	Ⓐ	Ⓑ	Ⓒ	Ⓓ	17	Ⓐ	Ⓑ	Ⓒ	Ⓓ
8	Ⓐ	Ⓑ	Ⓒ	Ⓓ	18	Ⓐ	Ⓑ	Ⓒ	Ⓓ
9	Ⓐ	Ⓑ	Ⓒ	Ⓓ	19	Ⓐ	Ⓑ	Ⓒ	Ⓓ
10	Ⓐ	Ⓑ	Ⓒ	Ⓓ	20	Ⓐ	Ⓑ	Ⓒ	Ⓓ

주의사항

1. 수험번호 및 답안은 검은색 사인펜을 사용해서 <보기>와 같이 표기합니다.
   <보기> 바른표기 : ● 틀린표기 : ⊙ ⊗ ◑ ◒
2. 수험번호(1)에는 아라비아 숫자로 쓰고, (2)에는 해당란에 ● 표기합니다.
3. 답안 수정은 수정 테이프로 흔적을 깨끗이 지웁니다.
4. 수험번호 및 답안 작성란 이외의 여백에 낙서를 하지 마시기 바랍니다. 이로 인한 불이익은 수험자 본인 책임입니다.
5. 마킹오류로 채점 불가능한 답안은 0점 처리되오니, 이점 유의하시기 바랍니다.

국제영어능력인증시험 (TOSEL)

pre-STARTER

국제토셀위원회

한글이름

감독확인

수 험 번 호

(1)

(2)

	A B C D	문항	A B C D
SECTION I			
문항	A B C D	문항	A B C D
1	Ⓐ Ⓑ Ⓒ Ⓓ	11	Ⓐ Ⓑ Ⓒ Ⓓ
2	Ⓐ Ⓑ Ⓒ Ⓓ	12	Ⓐ Ⓑ Ⓒ Ⓓ
3	Ⓐ Ⓑ Ⓒ Ⓓ	13	Ⓐ Ⓑ Ⓒ Ⓓ
4	Ⓐ Ⓑ Ⓒ Ⓓ	14	Ⓐ Ⓑ Ⓒ Ⓓ
5	Ⓐ Ⓑ Ⓒ Ⓓ	15	Ⓐ Ⓑ Ⓒ Ⓓ
6	Ⓐ Ⓑ Ⓒ Ⓓ		
7	Ⓐ Ⓑ Ⓒ Ⓓ		
8	Ⓐ Ⓑ Ⓒ Ⓓ		
9	Ⓐ Ⓑ Ⓒ Ⓓ		
10	Ⓐ Ⓑ Ⓒ Ⓓ		

	A B C D	문항	A B C D
SECTION II			
문항	A B C D	문항	A B C D
1	Ⓐ Ⓑ Ⓒ Ⓓ	11	Ⓐ Ⓑ Ⓒ Ⓓ
2	Ⓐ Ⓑ Ⓒ Ⓓ	12	Ⓐ Ⓑ Ⓒ Ⓓ
3	Ⓐ Ⓑ Ⓒ Ⓓ	13	Ⓐ Ⓑ Ⓒ Ⓓ
4	Ⓐ Ⓑ Ⓒ Ⓓ	14	Ⓐ Ⓑ Ⓒ Ⓓ
5	Ⓐ Ⓑ Ⓒ Ⓓ	15	Ⓐ Ⓑ Ⓒ Ⓓ
6	Ⓐ Ⓑ Ⓒ Ⓓ	16	Ⓐ Ⓑ Ⓒ Ⓓ
7	Ⓐ Ⓑ Ⓒ Ⓓ	17	Ⓐ Ⓑ Ⓒ Ⓓ
8	Ⓐ Ⓑ Ⓒ Ⓓ	18	Ⓐ Ⓑ Ⓒ Ⓓ
9	Ⓐ Ⓑ Ⓒ Ⓓ	19	Ⓐ Ⓑ Ⓒ Ⓓ
10	Ⓐ Ⓑ Ⓒ Ⓓ	20	Ⓐ Ⓑ Ⓒ Ⓓ

주의사항

1. 수험번호 및 답안은 검은색 사인펜을 사용해서 〈보기〉와 같이 표기합니다.
   〈보기〉 바른표기 : ● 틀린표기 : ⊙ ⊗ ◐ ◑
2. 수험번호(1)에는 아라비아 숫자로 쓰고, (2)에는 해당란에 ● 표기합니다.
3. 답안 수정은 수정 테이프로 혼적을 깨끗이 지웁니다.
4. 수험번호 및 답안 작성란 이외의 여백에 낙서를 하지 마시기 바랍니다. 이로 인한 불이익은 수험자 본인 책임입니다.
5. 마킹오류로 채점 불가능한 답안은 0점 처리되오니, 이점 유의하시기 바랍니다.

국제영어능력인증시험 (TOSEL)

pre-STARTER

한글이름		감독확인

SECTION I

문항	A	B	C	D		문항	A	B	C	D
1	A	B	C	D		11	A	B	C	D
2	A	B	C	D		12	A	B	C	D
3	A	B	C	D		13	A	B	C	D
4	A	B	C	D		14	A	B	C	D
5	A	B	C	D		15	A	B	C	D
6	A	B	C	D						
7	A	B	C	D						
8	A	B	C	D						
9	A	B	C	D						
10	A	B	C	D						

SECTION II

문항	A	B	C	D		문항	A	B	C	D
1	A	B	C	D		11	A	B	C	D
2	A	B	C	D		12	A	B	C	D
3	A	B	C	D		13	A	B	C	D
4	A	B	C	D		14	A	B	C	D
5	A	B	C	D		15	A	B	C	D
6	A	B	C	D		16	A	B	C	D
7	A	B	C	D		17	A	B	C	D
8	A	B	C	D		18	A	B	C	D
9	A	B	C	D		19	A	B	C	D
10	A	B	C	D		20	A	B	C	D

수 험 번 호

(1)

0	1	2	3	4	5	6	7	8	9
0	1	2	3	4	5	6	7	8	9
0	1	2	3	4	5	6	7	8	9
—									
0	1	2	3	4	5	6	7	8	9

(2)

0	1	2	3	4	5	6	7	8	9
—									
0	1	2	3	4	5	6	7	8	9
0	1	2	3	4	5	6	7	8	9
0	1	2	3	4	5	6	7	8	9

주의사항

1. 수험번호 및 답안은 검은색 사인펜을 사용해서 〈보기〉와 같이 표기합니다.
   〈보기〉 바른표기 : ● 틀린표기 : ⊙ ⊗ ●
2. 수험번호(1)에는 아라비아 숫자로 쓰고, (2)에는 해당란에 ● 표기합니다.
3. 답안 수정은 수정 테이프로 흔적을 깨끗이 지웁니다.
4. 수험번호 및 답안 작성란 이외의 여백에 낙서를 하지 마시기 바랍니다. 이로 인한 불이익은 수험자 본인 책임입니다.
5. 마킹오류로 채점 불가능한 답안은 0점 처리되오니, 이점 유의하시기 바랍니다.

국제영어능력인증시험 (TOSEL)

국제토셀위원회

pre-STARTER

문항	SECTION I				문항	SECTION I			
	A	B	C	D		A	B	C	D
1	Ⓐ	Ⓑ	Ⓒ	Ⓓ	11	Ⓐ	Ⓑ	Ⓒ	Ⓓ
2	Ⓐ	Ⓑ	Ⓒ	Ⓓ	12	Ⓐ	Ⓑ	Ⓒ	Ⓓ
3	Ⓐ	Ⓑ	Ⓒ	Ⓓ	13	Ⓐ	Ⓑ	Ⓒ	Ⓓ
4	Ⓐ	Ⓑ	Ⓒ	Ⓓ	14	Ⓐ	Ⓑ	Ⓒ	Ⓓ
5	Ⓐ	Ⓑ	Ⓒ	Ⓓ	15	Ⓐ	Ⓑ	Ⓒ	Ⓓ
6	Ⓐ	Ⓑ	Ⓒ	Ⓓ					
7	Ⓐ	Ⓑ	Ⓒ	Ⓓ					
8	Ⓐ	Ⓑ	Ⓒ	Ⓓ					
9	Ⓐ	Ⓑ	Ⓒ	Ⓓ					
10	Ⓐ	Ⓑ	Ⓒ	Ⓓ					

한글이름

문항	SECTION II				문항	SECTION II			
	A	B	C	D		A	B	C	D
1	Ⓐ	Ⓑ	Ⓒ	Ⓓ	11	Ⓐ	Ⓑ	Ⓒ	Ⓓ
2	Ⓐ	Ⓑ	Ⓒ	Ⓓ	12	Ⓐ	Ⓑ	Ⓒ	Ⓓ
3	Ⓐ	Ⓑ	Ⓒ	Ⓓ	13	Ⓐ	Ⓑ	Ⓒ	Ⓓ
4	Ⓐ	Ⓑ	Ⓒ	Ⓓ	14	Ⓐ	Ⓑ	Ⓒ	Ⓓ
5	Ⓐ	Ⓑ	Ⓒ	Ⓓ	15	Ⓐ	Ⓑ	Ⓒ	Ⓓ
6	Ⓐ	Ⓑ	Ⓒ	Ⓓ	16	Ⓐ	Ⓑ	Ⓒ	Ⓓ
7	Ⓐ	Ⓑ	Ⓒ	Ⓓ	17	Ⓐ	Ⓑ	Ⓒ	Ⓓ
8	Ⓐ	Ⓑ	Ⓒ	Ⓓ	18	Ⓐ	Ⓑ	Ⓒ	Ⓓ
9	Ⓐ	Ⓑ	Ⓒ	Ⓓ	19	Ⓐ	Ⓑ	Ⓒ	Ⓓ
10	Ⓐ	Ⓑ	Ⓒ	Ⓓ	20	Ⓐ	Ⓑ	Ⓒ	Ⓓ

감독확인

수 험 번 호

(1)

(2)

(각 자리: ⓪ ① ② ③ ④ ⑤ ⑥ ⑦ ⑧ ⑨)

주의사항

1. 수험번호 및 답안은 검은색 사인펜을 사용해서 〈보기〉와 같이 표기합니다.
   〈보기〉 바른표기 : ●
   틀린표기 : ⊘ ⊙ ⊗ ◉

2. 수험번호(1)에는 아라비아 숫자로 쓰고, (2)에는 해당란에 ● 표기합니다.

3. 답안 수정은 수정테이프로 흔적을 깨끗이 지웁니다.

4. 수험번호 및 답안 작성란 이외의 여백에 낙서를 하지 마시기 바랍니다. 이로 인한 불이익은 수험자 본인 책임입니다.

5. 마킹오류로 채점 불가능한 답안은 0점 처리되오니, 이점 유의하시기 바랍니다.

국제영어능력인증시험 (TOSEL)

pre-STARTER

한글이름		감독확인	

SECTION I

문항	A	B	C	D	문항	A	B	C	D
1	Ⓐ	Ⓑ	Ⓒ	Ⓓ	11	Ⓐ	Ⓑ	Ⓒ	Ⓓ
2	Ⓐ	Ⓑ	Ⓒ	Ⓓ	12	Ⓐ	Ⓑ	Ⓒ	Ⓓ
3	Ⓐ	Ⓑ	Ⓒ	Ⓓ	13	Ⓐ	Ⓑ	Ⓒ	Ⓓ
4	Ⓐ	Ⓑ	Ⓒ	Ⓓ	14	Ⓐ	Ⓑ	Ⓒ	Ⓓ
5	Ⓐ	Ⓑ	Ⓒ	Ⓓ	15	Ⓐ	Ⓑ	Ⓒ	Ⓓ
6	Ⓐ	Ⓑ	Ⓒ	Ⓓ					
7	Ⓐ	Ⓑ	Ⓒ	Ⓓ					
8	Ⓐ	Ⓑ	Ⓒ	Ⓓ					
9	Ⓐ	Ⓑ	Ⓒ	Ⓓ					
10	Ⓐ	Ⓑ	Ⓒ	Ⓓ					

SECTION II

문항	A	B	C	D	문항	A	B	C	D
1	Ⓐ	Ⓑ	Ⓒ	Ⓓ	11	Ⓐ	Ⓑ	Ⓒ	Ⓓ
2	Ⓐ	Ⓑ	Ⓒ	Ⓓ	12	Ⓐ	Ⓑ	Ⓒ	Ⓓ
3	Ⓐ	Ⓑ	Ⓒ	Ⓓ	13	Ⓐ	Ⓑ	Ⓒ	Ⓓ
4	Ⓐ	Ⓑ	Ⓒ	Ⓓ	14	Ⓐ	Ⓑ	Ⓒ	Ⓓ
5	Ⓐ	Ⓑ	Ⓒ	Ⓓ	15	Ⓐ	Ⓑ	Ⓒ	Ⓓ
6	Ⓐ	Ⓑ	Ⓒ	Ⓓ	16	Ⓐ	Ⓑ	Ⓒ	Ⓓ
7	Ⓐ	Ⓑ	Ⓒ	Ⓓ	17	Ⓐ	Ⓑ	Ⓒ	Ⓓ
8	Ⓐ	Ⓑ	Ⓒ	Ⓓ	18	Ⓐ	Ⓑ	Ⓒ	Ⓓ
9	Ⓐ	Ⓑ	Ⓒ	Ⓓ	19	Ⓐ	Ⓑ	Ⓒ	Ⓓ
10	Ⓐ	Ⓑ	Ⓒ	Ⓓ	20	Ⓐ	Ⓑ	Ⓒ	Ⓓ

수 험 번 호

(digits 0~9 마킹란)

주의사항

1. 수험번호 및 답안은 검은색 사인펜을 사용해서 <보기>와 같이 표기합니다.
   <보기> 바른표기 : ●　틀린표기 : ◐ ⊙ ⊗ ◑ ◉
2. 수험번호(1)에는 아라비아 숫자로 쓰고, (2)에는 해당란에 ● 표기합니다.
3. 답안 수정은 수정 테이프로 흔적을 깨끗이 지웁니다.
4. 수험번호 및 답안 작성란 이외의 여백에 낙서를 하지 마시기 바랍니다. 이로 인한 불이익은 수험자 본인 책임입니다.
5. 마킹오류로 채점 불가능한 답안은 0점 처리되오니, 이점 유의하시기 바랍니다.

AI 빅데이터 기반 영어성장 플랫폼

TOSEL® Lab

공동기획
- 고려대학교 문과대학 언어정보연구소
- 고려대학교 공과대학 기계학습 및 빅 데이터연구원
- 국제토셀위원회

TOSEL Lab이란?

엄선된 100만 명의 응시자 성적 데이터를 활용한
AI기반 데이터 공유 및 가치 고도화 플랫폼

국내외 15,000여 개 학교·학원 단체응시인원 중 엄선한 100만 명 이상의 실제 TOSEL 성적 데이터와, 정부(과학기술정보통신부)의 연구지원으로 개발된 **맞춤식 AI 빅데이터 기반 영어성장 플랫폼**입니다.

TOSEL Lab Brand Identity

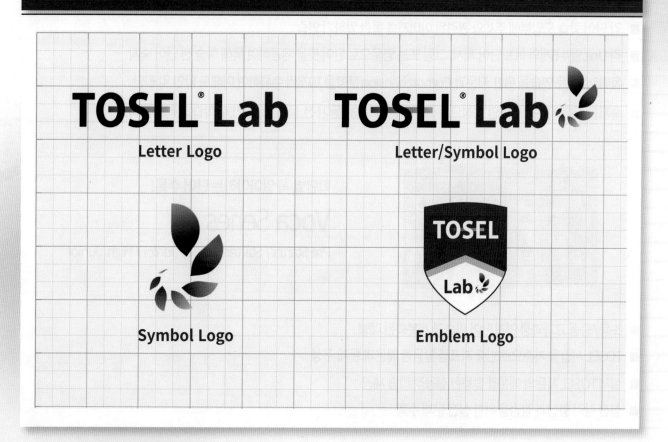

TOSEL® Lab
Letter Logo

TOSEL® Lab
Letter/Symbol Logo

Symbol Logo

Emblem Logo

TOSEL Lab에는 어떤 콘텐츠가 있나요?

진단
맞춤형 레벨테스트로
정확한 평가 제공

Placement Test

응시자 빅데이터 분석에
기반한 테스트로 신규 상담
학생의 영어능력을 정확하게
진단하고 효과적인 영어 교육
을 실시하기 위한 객관적인
가이드라인을 제공합니다.

교재
세분화된 레벨로
실력에 맞는 학습 제공

Book Content

TOSEL의 세분화된 교재 레벨
은 각 연령에 맞는 어휘와 읽기
지능 및 교과 과정과의 연계가
가능하도록 설계된 교재들로
효과적인 학습 커리큘럼을
제공합니다.

자기주도학습
교재와 연계한 다양한 콘텐츠로
효과적인 학습 제공

Study Content

TOSEL 시험을 대비한
다양한 콘텐츠를 제공해 영어
학습에 시너지 효과를 기대할
수 있으며, 학생들의 자기주도
학습 습관을 더 탄탄하게 키울
수 있습니다.

내신과 토셀 고득점을 한꺼번에!
Reading Series
Pre-Starter / Starter / Basic / Junior / High Junior

- 각 단어 학습 도입부에 주제와 관련된 이미지를 통한 말하기 연습
- 각 Unit별 4-6개의 목표 단어 제시, 그림 또는 영문으로 단어 뜻을 제공하여 독해 학습 전 단어 숙지
- 독해&실용문 연습을 위한 지문과 Comprehension 문항을 10개씩 수록하여 이해도 확인 및 진단
- 숙지한 독해 지문을 원어민 음성으로 들으며 듣기 학습, 듣기 전, 듣기 중, 듣기 후 학습 커리큘럼 마련

학년별 꼭 알아야하는 **단어 수록!**
Voca Series
Pre-Starter / Starter / Basic / Junior / High Junior

- 초등/중등 교과과정 연계 단어 학습과 세분화된 레벨
- TOSEL 시험을 기준으로 빈출 지표를 활용한 예문과 문제 구성
- 실제 TOSEL 지문의 예문을 활용한 실용적 학습 제공
- 실전 감각 향상과 점검을 위한 실전 문제 수록

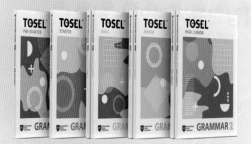

체계적인 단계별 **문법 지침서**
Grammar Series
Pre-Starter / Starter / Basic / Junior / High Junior

- 초등/중등 교과과정 연계 문법 학습과 세분화된 레벨
- TOSEL 기출 문제 연습과 최신 수능 출제 문법을 포함하여 수능/내신 대비 가능
- 이해하기 쉬운 그림, 깔끔하게 정리된 표와 설명, 다양한 문제를 통해 문법 학습
- 실전 감각 향상과 점검을 위한 기출 문제 수록

한국 학생들에게 최적화된 듣기 실력 완성!
Listening Series
Pre-Starter / Starter / Basic / Junior / High Junior

- 초등/중등 교과과정 연계 말하기&듣기 학습과 세분화된 레벨
- TOSEL 기출 문장과 실생활에 자주 활용되는 문장 패턴을 통해 듣기 및 말하기 학습
- 실제 TOSEL 지문의 예문을 활용한 실용적 학습 제공
- 실전 감각 향상과 점검을 위한 기출 문제 수록

재미와 실력이 **동시에!**
Story Series
Pre-Starter / Starter / Basic / Junior

- 초등/중등 교과과정 연계 영어 학습과 세분화된 레벨
- 이야기 지문과 단어를 함께 연결지어 학생들의 독해 능력을 평가
- 이해하기 쉬운 그림, 깔끔하게 정리된 표와 설명, 다양한 문제, 재미있는 스토리를 통한 독해 학습
- 다양한 단계의 문항을 풀어보고 학생들의 읽기, 듣기, 쓰기, 말하기 실력을 집중적으로 향상

교재를 100% 활용하는 TOSEL Lab 지정교육기관의 노하우!

Teaching Materials

TOSEL에서 제공하는 수업 자료로
교재 학습을 더욱 효과적으로 진행!

Study Content

철저한 자기주도학습 콘텐츠로
교재 수업후 효과적인 복습!

Test Content

교재 학습과 더불어 학생 맞춤형
시험으로 실력 점검 및 향상

Book Content

100만 명으로 엄선된 TOSEL
성적 데이터로 탄생!

국제토셀위원회는 TOSEL Lab 지정교육기관에서 교재로
수업하는 학원을 위해 교재를 잘 활용할 수 있는 다양한
콘텐츠를 제공 및 지원합니다.

**TOSEL Lab 지정교육기관을 위한 콘텐츠로
더욱 효과적인 수업을 경험하세요.**

TOSEL Lab 지정교육기관은

국제토셀위원회 직속 TOSEL연구소에서 20년 동안 보유해온 전국 15,000여 개
교육기관 토셀 응시자들의 영어성적 분석데이터를 공유받아, 통계를 기반으로 한
전문적이고 과학적인 커리큘럼을 설계하고, 영어학습 방향을 제시하여, 경쟁력있는
기관, 잘 가르치는 기관으로 해당 지역에서 입지를 다지게 됩니다.

**TOSEL Lab 지정교육기관으로 선정되기 위해서는
소정의 심사 절차가 수반됩니다.**

www.lab.tosel.co.kr

TOSEL
심화문제집

국제토셀위원회

PRE-STARTER
정답 및 해설

TOSEL
심화문제집

PRE-STARTER
정답 및 해설

TOSEL PRE-STARTER

심화 1회

Section I Listening and Speaking

1 (B)	2 (B)	3 (A)	4 (C)	5 (A)
6 (A)	7 (A)	8 (A)	9 (C)	10 (A)
11 (C)	12 (B)	13 (B)	14 (A)	15 (B)

Section II Reading and Writing

1 (A)	2 (B)	3 (C)	4 (B)	5 (B)
6 (B)	7 (A)	8 (C)	9 (A)	10 (B)
11 (B)	12 (A)	13 (A)	14 (B)	15 (B)
16 (C)	17 (A)	18 (C)	19 (C)	20 (B)

SECTION I   LISTENING AND SPEAKING

Part A. Listen and Recognize (p.12)

1. Boy: watermelon

(B)

해석 소년: 수박

풀이 소년이 수박이라고 했으므로 수박이 있는 그림 (B)가 정답이다.

Words and Phrases watermelon 수박

2. Girl: pig

(B)

해석 소녀: 돼지

풀이 소녀가 돼지라고 했으므로 돼지가 있는 그림 (B)가 정답이다.

Words and Phrases pig 돼지

3. Boy: chair

(A)

해석 소년: 의자

풀이 소년이 의자라고 했으므로 의자가 있는 그림 (A)가 정답이다.

Words and Phrases chair 의자

4. Girl: The girl is drinking water.

(C)

해석 소녀: 소녀가 물을 마시고 있다.

풀이 소녀가 물을 마시고 있다고 했으므로 답은 (C)이다.

5. Boy: The children are studying.

(A)

해석 소년: 아이들이 공부하고 있다.

풀이 아이들이 공부하고 있다고 했으므로 답은 (A)이다.

Words and Phrases study 공부하다 | children 아이들 (child의 복수)

PART B. Listen and Respond (p.14)

6. Girl: Can you speak English?

Boy: _____

(A) Yes, I can.

(B) No, I don't.

(C) No, I'm not.

해석 소녀: 너 영어 할 줄 알아?

소년: _____

(A) 응, 할 수 있어.

(B) 아니, 하지 않아.

(C) 아니, 나는 아니야.

풀이 can의문문에 대한 응답으로 can을 사용하여 대답한 (A)가 정답이다.

7. Boy: Who's the girl in the pink dress?

Girl: _____

(A) She's my sister.

(B) She's hungry.

(C) She's sleeping.

해석 소년: 분홍 원피스를 입은 저 소녀는 누구니?

소녀: _____

(A) 그녀는 내 여동생이야.

(B) 그녀는 배가 고파.

(C) 그녀는 자고 있어.

풀이 분홍 원피스를 입은 소녀가 누군지 물어보는 소년의 물음에 대한 답으로 (A)가 적절하다.

8. Girl: How are you?

Boy: _____

(A) I'm great.

(B) I'm 10 years old.

(C) I'm her brother.

해석 소녀: 어떻게 지내?

소년: _____

(A) 나는 잘 지내.

(B) 나는 10살이야.

(C) 나는 그녀의 오빠야.

풀이 어떻게 지내는지를 물어보는 소녀의 물음에 대한 답으로 (A)가 적절하다.

9. Boy: What time is it?

Girl: _____

(A) It's Sunday.

(B) It's rainy today.

(C) It's 3 o'clock.

해석 소년: 몇 시야?

소녀: _____

(A) 일요일이야.

(B) 오늘은 비가 와.

(C) 3시야.

풀이 몇 시인지를 물어보는 소년의 물음에 대한 답으로 (C)가 적절하다.

Words and Phrases rainy 비 오는

10. Girl: You can play with my toys.

    Boy: _____

      (A) Thank you.

      (B) Here you are.

      (C) Goodbye.

해석 소녀: 내 장난감을 가지고 놀아도 돼.

    소년: _____

    (A) 고마워.

    (B) 여기 있어.

    (C) 잘가.

풀이 소녀가 자신의 장난감을 가지고 놀아도 된다고 말했으므로 적절한 대답은 (A)이다.

Part C. Listen and Retell (p.16)

11. Girl: Look at the table.

    Boy: The flowers are pretty.

    Question: What's on the table?

      (C)

해석 소녀: 탁자를 보렴.

    소년: 꽃이 예쁘구나.

    질문: 탁자 위에 무엇이 있습니까?

풀이 소년이 탁자를 보고 꽃이 예쁘다고 하였으므로 꽃이 있는 그림 (C)가 정답이다.

12. Boy: It's raining now.

    Girl: Let's put on our rain boots.

    Question: How's the weather?

      (B)

해석 소년: 지금 비가 내리고 있어.

    소녀: 우리 장화 신자.

    질문: 날씨는 어떻습니까?

풀이 소년이 지금 비가 내린다고 하였으므로 비가 내리는 그림 (B)가 정답이다.

Words and Phrases rain boots 장화

13. Boy: Do you have any pencils?

    Girl: Yes, I have two.

    Question: How many pencils does the girl have?

      (B)

해석 소녀: 너 연필 가지고 있어?

    소녀: 응, 두 자루 가지고 있어.

    질문: 소녀는 연필을 몇 자루 가지고 있습니까?

풀이 소녀가 연필을 두 자루 가지고 있다고 하였으므로 답은 (B)이다.

14. Girl: I like cats.

    Boy: I like puppies.

    Question: What does the boy like?

      (A)

해석 소녀: 나는 고양이를 좋아해

    소년: 나는 강아지를 좋아해.

질문: 소년은 무엇을 좋아합니까?

풀이 소년은 강아지를 좋아한다고 하였으므로 (A)가 정답이다.

15. Boy: Mom, where are we going now?

    Woman: We are going to a market.

    Question: Where is the boy going?

      (B)

해석 소년: 엄마, 우리는 지금 어디에 가고 있나요?

    여자: 우리는 시장에 가는 중이란다.

    질문: 소년은 어디에 가고 있습니까?

풀이 소년과 엄마는 시장에 가고 있다고 했으므로 정답은 (B)이다.

Words and Phrases market 시장

SECTION II READING AND WRITING

Part A. Spell the Words (p.19)

1. _reen

    (A) g

    (B) m

    (C) s

풀이 '초록색'을 뜻하는 영어단어의 철자는 'green'이므로 정답은 (A)이다.

2. si_ger

    (A) m

    (B) n

    (C) l

풀이 '가수'를 뜻하는 영어단어의 철자는 'singer'이므로 정답은 (B)이다.

Words and Phrases singer 가수

3. (A) monkie

  (B) mankey

  (C) monkey

풀이 '원숭이'를 뜻하는 영어단어 'monkey'의 철자를 올바르게 나열한 (C)가 정답이다.

4. (A) tairn

  (B) train

  (C) ratin

풀이 '기차'를 뜻하는 영어단어 'train'의 철자를 올바르게 나열한 (B)가 정답이다.

Words and Phrases train 열차

5. (A) sorecc

  (B) soccer

  (C) cescor

풀이 '축구'를 뜻하는 영어단어 'soccer'의 철자를 올바르게 나열한 (B)가 정답이다.

Part B. Look and Recognize (p.21)

6. (A) He is in the kitchen.
   (B) He is in the living room.
   (C) He is in the bathroom.
해석 (A) 그는 부엌에 있다.
   (B) 그는 거실에 있다.
   (C) 그는 화장실에 있다.
풀이 그림에서 소년은 거실에서 TV를 보고 있으므로 정답은 (B)이다.
Words and Phrases kitchen 부엌 | living room 거실 | bathroom 화장실

7. (A) There are two cats.
   (B) There are two dogs.
   (C) There are two hamsters.
해석 (A) 고양이 2마리가 있다.
   (B) 강아지 2마리가 있다.
   (C) 햄스터 2마리가 있다.
풀이 그림에 고양이 2마리가 있으므로 정답은 (A)이다.
Words and Phrases hamster 햄스터

8. (A) It's spring.
   (B) It's winter.
   (C) It's fall.
해석 (A) 봄이다.
   (B) 겨울이다.
   (C) 가을이다.
풀이 그림에 단풍과 낙엽이 있는 것으로 보아 가을임을 유추할 수 있으므로 정답은 (C)이다.

9. (A) He is playing basketball.
   (B) He is playing baseball.
   (C) He is playing volleyball.
해석 (A) 그는 농구를 하고 있다.
   (B) 그는 야구를 하고 있다.
   (C) 그는 배구를 하고 있다.
풀이 그림에서 소년이 농구를 하고 있으므로 정답은 (A)이다.
Words and Phrases basketball 농구 | baseball 야구 | volleyball 배구

10. (A) He's happy.
   (B) He's sad.
   (C) He's hungry.
해석 (A) 그는 행복하다.
   (B) 그는 슬프다.
   (C) 그는 배가 고프다.
풀이 그림에서 소년은 슬퍼 보이므로 정답은 (B)이다.

Part C. Look and Respond (p.23)

11. Q: Where's the cat?
   (A) It's under the bench.
   (B) It's next to the bench.
   (C) It's on the bench.
해석 질문: 고양이는 어디에 있습니까?
   (A) 벤치 아래에 있다.
   (B) 벤치 옆에 있다.
   (C) 벤치 위에 있다.
풀이 그림에서 고양이가 벤치 옆에 있으므로 정답은 (B)이다.
Words and Phrases under 아래에 | next to (바로) 옆에 | on 위에

12. Q: How does the girl feel?
   (A) She's angry.
   (B) She's sleepy.
   (C) She's tired.
해석 질문: 소녀의 기분은 어떻습니까?
   (A) 그녀는 화났다.
   (B) 그녀는 졸리다.
   (C) 그녀는 피곤하다.
풀이 그림에서 소녀가 화나 보이므로 정답은 (A)이다.

13. Q: What are they doing?
   (A) They are reading books.
   (B) They are drawing pictures.
   (C) They are writing notes.
해석 질문: 그들은 무엇을 하고 있습니까?
   (A) 그들은 책을 읽고 있다.
   (B) 그들은 그림을 그리고 있다.
   (C) 그들은 메모를 하고 있다.
풀이 그림에서 아이들이 책을 읽고 있으므로 정답은 (A)이다.
Words and Phrases note 메모, 편지, 쪽지

14. Q: What is the boy wearing?
   (A) He is wearing a tie.
   (B) He is wearing glasses.
   (C) He is wearing a backpack.
해석 질문: 소년은 무엇을 착용하고 있습니까?
   (A) 그는 넥타이를 착용하고 있다.
   (B) 그는 안경을 쓰고 있다.
   (C) 그는 배낭을 메고 있다.
풀이 그림에서 소년은 안경을 쓰고 있으므로 정답은 (B)이다.
Words and Phrases tie 넥타이 | glasses 안경 | backpack 배낭

15. Q: What is the boy selling?
   (A) He is selling fruit.
   (B) He is selling ice cream.
   (C) He is selling lemonade.
해석 질문: 소년은 무엇을 팔고 있습니까?

(A) 그는 과일을 팔고 있다.

(B) 그는 아이스크림을 팔고 있다.

(C) 그는 레모네이드를 팔고 있다.

풀이 그림에서 소년은 아이스크림을 팔고 있으므로 정답은 (B)이다.

Words and Phrases lemonade 레모네이드, 레몬 탄산음료

Part D. Read and Retell (p.25)

[16]

What am I? You can see your face with me. I can show you the things behind you. I am shiny and smooth.

16. What am I?

(A) a duck

(B) a towel

(C) a mirror

해석 나는 무엇일까? 너는 나로 너의 얼굴을 볼 수 있다. 나는 너의 뒤에 있는 것들을 보여줄 수 있다. 나는 빛나고 매끈하다.

16. 나는 무엇입니까?

(A) 오리

(B) 수건

(C) 거울

풀이 얼굴을 볼 수 있으며 뒤에 있는 것들을 보여줄 수 있다고 한 것으로 보아 거울임을 유추할 수 있다. 따라서 (C)가 정답이다.

Words and Phrases face 얼굴 | behind 뒤(에) | shiny 빛나는 | smooth 매끈한

[17-18]

My aunt is at my house today. My cousins are here, too. Liam is 11 years old and Isabella is 10 years old. I can play board games and watch movies with them. Isabella is really good at playing board games.

17. How old is Liam?

(A) 11 years old

(B) 10 years old

(C) 9 years old

18. Who is good at board games?

(A) the writer

(B) Liam

(C) Isabella

해석 나의 이모는 오늘 우리 집에 있다. 내 사촌들도 여기에 있다. Liam은 11살이고 Isabella는 10살이다. 나는 그들과 함께 보드게임을 하고 영화를 볼 수 있다. Isabella는 보드게임을 아주 잘 한다.

17. Liam은 몇 살입니까?

(A) 11살

(B) 10살

(C) 9살

18. 누가 보드게임을 잘합니까?

(A) 글쓴이

(B) Liam

(C) Isabella

풀이 지문에서 Liam은 11살이라고 하였으므로 17번의 답은 (A)이다. Isabella가 보드게임을 아주 잘한다고 하였으므로 18번의 답은 (C)이다.

Words and Phrases cousin 사촌 | be good at ~을 잘하다 | board game 보드 게임

[19-20]

I am at the hospital with my mom. We are with my granddad. My granddad is 82 years old. He is very sick, so he needs to stay at the hospital. I feel sad about my granddad.

19. Who is very sick?

(A) the boy

(B) the boy's mom

(C) the boy's granddad

20. Where does granddad stay?

(A) at the resort

(B) at the hospital

(C) at the boy's house

해석 나는 엄마랑 병원에 있다. 우리는 나의 할아버지와 함께 있다. 나의 할아버지는 82세이시다. 그는 매우 아프셔서, 병원에서 지내셔야 한다. 나는 할아버지 때문에 슬프다.

19. 누가 매우 아픕니까?

(A) 소년

(B) 소년의 엄마

(C) 소년의 할아버지

20. 할아버지는 어디에서 지냅니까?

(A) 리조트에서

(B) 병원에서

(C) 소년의 집에서

풀이 지문에서 소년의 할아버지가 매우 아프다고 하였으므로 19번은 (C)가 정답이다. 할아버지가 병원에서 지내셔야 한다고 했으므로 20번은 (B)가 정답이다.

Words and Phrases stay 머무르다, 지내다 | hospital 병원

TOSEL PRE-STARTER

심화 2회

Section I Listening and Speaking

1 (A)	2 (A)	3 (C)	4 (B)	5 (C)
6 (B)	7 (A)	8 (B)	9 (C)	10 (C)
11 (B)	12 (B)	13 (B)	14 (A)	15 (B)

Section II Reading and Writing

1 (C)	2 (B)	3 (B)	4 (C)	5 (C)
6 (B)	7 (C)	8 (A)	9 (A)	10 (C)
11 (B)	12 (A)	13 (C)	14 (C)	15 (B)
16 (C)	17 (A)	18 (C)	19 (A)	20 (B)

SECTION I LISTENING AND SPEAKING

Part A. Listen and Recognize (p.36)

1. Boy: computer
     (A)
해석 소년: 컴퓨터
풀이 소년이 컴퓨터라고 말했으므로 컴퓨터가 있는 그림 (A)가 정답이다.

2. Girl: smile
     (A)
해석 소녀: 미소짓다
풀이 소녀가 미소짓고 있는 그림 (A)가 정답이다.

3. Boy: cow
     (C)
해석 소년: 젖소
풀이 소년이 젖소라고 말했으므로 젖소가 있는 그림 (C)가 정답이다.

4. Girl: She is going to school.
     (B)
해석 소녀: 그녀는 학교에 가고 있다.
풀이 소녀가 학교에 가고 있다고 했으므로 답은 (B) 이다.

5. Boy: A boy is swimming.
     (C)
해석 소년: 소년이 수영을 하고 있다.
풀이 소년이 수영을 하고 있다고 했으므로 답은 (C)이다.

PART B. Listen and Respond (p.38)

6. Girl: How old are you?
    Boy: _____
       (A) Sorry, I can't help you.
       (B) I'm eight years old.
       (C) Thank you very much.
해석 소녀: 너는 몇 살이니?
    소년: _____
    (A) 미안해, 나는 너를 도와줄 수 없어.
    (B) 나는 8살이야.
    (C) 정말 고마워.
풀이 나이를 묻는 소녀의 물음에 8살이라고 대답한 (B)가 정답이다.

7. Boy: What time is it?
    Girl: _____
       (A) It's 6 o'clock.
       (B) It's raining.
       (C) I am home now.
해석 소년: 몇 시니?
    소녀: _____
    (A) 6시야.
    (B) 비가 내리고 있어.
    (C) 나는 지금 집이야.
풀이 시간을 묻는 소년의 물음에 6시라고 대답한 (A)가 정답이다.

8. Girl: What's your name?
    Boy: _____
       (A) Yes, I can.
       (B) I'm Sam.
       (C) No, I'm not.
해석 소녀: 너의 이름은 무엇이니?
    소년: _____
    (A) 응, 나는 할 수 있어.
    (B) 나는 Sam이야.
    (C) 아니, 나는 아니야.
풀이 이름을 물어보는 소녀의 물음에 대한 응답으로 (B)가 적절하다.

9. Boy: It is a green desk.
    Girl: _____
       (A) You, too.
       (B) Yes, I am.
       (C) It looks nice.
해석 소년: 그것은 초록색 책상이야.
    소녀: _____
    (A) 너도.
    (B) 응, 난 그래.
    (C) 그것은 근사해 보여.
풀이 초록색 책상이 근사해 보인다고 대답한 (C)가 정답이다.

10. Girl: This is my brother.

    Boy: _____

      (A) No, I can't.

      (B) Thank you.

      (C) Nice to meet you.

해석 소녀: 얘는 내 남동생이야.

    소년: _____

    (A) 아니, 나는 할 수 없어.

    (B) 고마워.

    (C) 만나서 반가워.

풀이 소녀의 남자 형제에게 만나서 반갑다고 말하는 (C)가 정답이다.

Part C. Listen and Retell (p.40)

11. Girl: How many books do you have?

    Boy: I have three books.

    Question: How many books does the boy have?

      (B)

해석 소녀: 너는 책을 몇 권 갖고 있니?

    소년: 나는 책 3권을 갖고 있어.

    질문: 소년은 책을 몇 권 갖고 있습니까?

풀이 소년이 책을 3권 갖고 있다고 하였으므로 정답은 (B)이다.

12. Boy: Do you want to go for ice cream?

    Girl: Sure! Let's go!

    Question: What will the girl eat?

      (B)

해석 소년: 아이스크림 먹으러 갈래?

    소녀: 물론이지! 가자!

    질문: 소녀는 무엇을 먹을 것입니까?

풀이 아이스크림을 먹으러 가자는 소년의 말에 소녀가 그러자고 답했으므로 (B)가 정답이다.

13. Boy: What is your favorite sport?

    Girl: I like baseball.

    Question: What sport does the girl like?

      (B)

해석 소년: 너가 가장 좋아하는 운동은 무엇이니?

    소녀: 나는 야구를 좋아해.

    질문: 소녀가 좋아하는 운동은 무엇입니까?

풀이 소녀는 야구를 좋아한다고 했으므로 정답은 (B)이다.

Words and Phrases favorite 마음에 드는

14. Girl: I like red.

    Boy: I like blue.

    Question: What does the boy like?

      (A)

해석 소녀: 나는 빨간색을 좋아해.

    소년: 나는 파란색을 좋아해.

    질문: 소년은 무엇을 좋아합니까?

풀이 소년은 파란색을 좋아한다고 했으므로 정답은 (A)이다.

15. Girl: It's raining today.

    Boy: Okay, I will bring my umbrella.

    Question: What is the weather like today?

      (B)

해석 소녀: 오늘은 비가 와.

    소년: 응, 우산을 들고 갈게.

    질문: 오늘 날씨는 어떠합니까?

풀이 소녀가 오늘 비가 온다고 하였으므로 정답은 (B)이다.

Words and Phrases umbrella 우산 | weather 날씨

SECTION II READING AND WRITING

Part A. Spell the Words (p.43)

1. _ird

    (A) q

    (B) f

    (C) b

풀이 '새'를 뜻하는 영어단어의 철자는 'bird'이므로 정답은 (C)이다.

2. st_dent

    (A) o

    (B) u

    (C) e

풀이 '학생'을 뜻하는 영어단어의 철자는 'student'이므로 정답은 (B)이다.

Words and Phrases student 학생

3. (A) bornw

    (B) brown

    (C) bworn

풀이 '갈색'을 뜻하는 영어단어 'brown'의 철자를 올바르게 나열한 (B)가 정답이다.

4. (A) drae

    (B) drie

    (C) draw

풀이 '그리다'를 뜻하는 영어단어 'draw'의 철자를 올바르게 나열한 (C)가 정답이다.

5. (A) gel

    (B) egl

    (C) leg

풀이 '다리'를 뜻하는 영어단어 'leg'의 철자를 올바르게 나열한 (C)가 정답이다.

Part B. Look and Recognize (p.45)

6. (A) She is watching TV.
 (B) She is reading a book.
 (C) She is cleaning the room.
해석 (A) 그녀는 TV를 보고 있다.
 (B) 그녀는 책을 읽고 있다.
 (C) 그녀는 방을 청소하고 있다.
풀이 그림에서 소녀는 책을 읽고 있으므로 정답은 (B)이다.

7. (A) There are three pigs.
 (B) There are three goats.
 (C) There are three horses.
해석 (A) 돼지가 세 마리 있다.
 (B) 염소가 세 마리 있다.
 (C) 말이 세 마리 있다.
풀이 그림에 말 세 마리가 있으므로 정답은 (C)이다.
Words and Phrases goat 염소

8. (A) He is cooking.
 (B) He is cleaning.
 (C) He is sitting on a chair.
해석 (A) 그는 요리를 하고 있다.
 (B) 그는 청소를 하고 있다.
 (C) 그는 의자에 앉아 있다.
풀이 그림에서 소년은 요리를 하고 있으므로 정답은 (A)이다.

9. (A) The baby is sad.
 (B) The baby is happy.
 (C) The baby is sleeping.
해석 (A) 아기는 슬프다.
 (B) 아기는 행복하다.
 (C) 아기는 자고 있다.
풀이 그림에서 아기는 슬퍼 보이므로 정답은 (A)이다.

10. (A) She plays golf.
 (B) She plays tennis.
 (C) She plays basketball.
해석 (A) 그녀는 골프를 한다.
 (B) 그녀는 테니스를 한다.
 (C) 그녀는 농구를 한다.
풀이 그림에서 소녀는 농구를 하고 있으므로 정답은 (C)이다.

Part C. Look and Respond (p.47)

11. Q: How many candles are on the cake?
 (A) There are no candles.
 (B) There are six candles.
 (C) There are ten candles.
해석 질문: 케이크 위에 초가 몇개 있습니까?
 (A) 초가 없다.
 (B) 초가 6개 있다.
 (C) 초가 10개 있다.
풀이 그림의 케이크 위에 초가 6개 있으므로 정답은 (B)이다.
Words and Phrases candle 초

12. Q: What color is her T-shirt?
 (A) It's red.
 (B) It's yellow.
 (C) It's purple.
해석 질문: 그녀의 티셔츠는 무슨 색깔 입니까?
 (A) 빨간색이다.
 (B) 노란색이다.
 (C) 보라색이다.
풀이 그림에서 그녀는 빨간색 티셔츠를 입고 있으므로 정답은 (A)이다.
Words and Phrases purple 보라색

13. Q: Where is the sock?
 (A) It's on the bed.
 (B) It's next to the bed.
 (C) It's under the bed.
해석 질문: 양말은 어디에 있습니까?
 (A) 침대 위에 있다.
 (B) 침대 옆에 있다.
 (C) 침대 아래에 있다.
풀이 그림에서 양말은 침대 아래에 있으므로 정답은 (C)이다.
Words and Phrases next to ~의 옆에

14. Q: What are they doing?
 (A) They are writing.
 (B) They are painting.
 (C) They are taking photos.
해석 질문: 그들은 무엇을 하고 있습니까?
 (A) 그들은 쓰고 있다.
 (B) 그들은 칠하고 있다.
 (C) 그들은 사진을 찍고 있다.
풀이 그림에서 아이들이 사진을 찍고 있으므로 정답은 (C)이다.
Words and Phrases take photos 사진 찍다

15. Q: How many stars are there in the picture?
 (A) There is one star.
 (B) There are three stars.
 (C) There are seven stars.

해석 질문: 그림에 별이 얼마나 많이 있습니까?
　(A) 별 한 개가 있다.
　(B) 별 세 개가 있다.
　(C) 별 일곱 개가 있다.
풀이 그림에 별이 3개 있으므로 정답은 (B)이다.

Part D. Read and Retell (p.49)

[16]
What am I? You can make me in winter. You can make a face and arms for me. I hate the sun and heat because they make me go away!

16. What am I?
　(A) a sled
　(B) a scarf
　(C) a snowman

해석 나는 무엇일까? 너는 나를 겨울에 만들 수 있다. 너는 나에게 얼굴과 팔을 만들어줄 수 있다. 나는 태양과 열을 싫어한다. 그것들은 나를 사라지게 하기 때문이다!

　16. 나는 무엇입니까?
　(A) 썰매
　(B) 목도리
　(C) 눈사람

풀이 겨울에 만들 수 있고 태양과 열이 사라지게 만든다고 한 것으로 보아 눈사람임을 유추할 수 있으므로 (C)가 정답이다.
Words and Phrases winter 겨울 | face 얼굴 | arm 팔 | hate 싫어하다
　　　　　　　　　 sled 썰매 | scarf 목도리 | snowman 눈사람

[17-18]
I'm Joe. I like to play in the park. I go to the park every day with my friend. His name is Tom. We play soccer. We ride bikes. It's very fun. We have a good time.

17. What's the name of Joe's friend?
　(A) Tom
　(B) Dan
　(C) Tony

18. Where do they play?
　(A) at home
　(B) at school
　(C) in the park

해석 나는 Joe이다. 나는 공원에서 노는 것을 좋아한다. 나는 내 친구와 함께 매일 공원에 간다. 그의 이름은 Tom이다. 우리는 축구를 한다. 우리는 자전거를 탄다. 아주 재미있다. 우리는 좋은 시간을 보낸다.

　17. Joe의 친구의 이름은 무엇입니까?
　(A) Tom
　(B) Dan
　(C) Tony

　18. 그들은 어디에서 놉니까?

(A) 집에서
(B) 학교에서
(C) 공원에서

풀이 지문에서 Joe의 친구의 이름은 Tom이라고 했으므로 17번은 (A)가 정답이다. Joe는 친구와 공원에 간다고 했으므로 18번은 (C)가 정답이다.
Words and Phrases ride (차량·자전거 등을) 타다

[19-20]
Hello, I am Dan. This is my family picture. There are seven of us. Grandpa, me, Dad, Mom, my sister, Grandma, and our cat. My sister's name is Jane. My cat's name is Kitty. Jane likes to play with Kitty. I love my family.

19. Who's Kitty?
　(A) the cat
　(B) the mom
　(C) the sister

20. How many people are in the family?
　(A) 3
　(B) 6
　(C) 10

해석 안녕, 나는 Dan이야. 이것은 우리 가족 사진이야. 우리 가족은 7명이야. 할아버지, 나, 아빠, 엄마, 누나, 할머니, 그리고 우리 고양이. 누나의 이름은 Jane이야. 내 고양이의 이름은 Kitty야. Jane은 Kitty와 노는 것을 좋아해. 나는 우리 가족을 사랑해.

　19. Kitty는 누구입니까?
　(A) 고양이
　(B) 엄마
　(C) 누나

　20. 가족은 몇 명입니까?
　(A) 3
　(B) 6
　(C) 10

풀이 지문에서 고양이의 이름이 'Kitty'라고 했으므로 19번은 (A)가 정답이다. 가족에 사람이 몇 명인지 물었으므로 고양이를 제외한 6명이다. 따라서 20번은 (B)가 정답이다.
Words and Phrases grandpa 할아버지 | grandma 할머니

TOSEL PRE-STARTER

심화3회

Section I Listening and Speaking

1 **(A)**	2 **(B)**	3 **(B)**	4 **(A)**	5 **(A)**
6 **(B)**	7 **(C)**	8 **(C)**	9 **(C)**	10 **(A)**
11 **(C)**	12 **(B)**	13 **(B)**	14 **(B)**	15 **(A)**

Section II Reading and Writing

1 **(A)**	2 **(B)**	3 **(B)**	4 **(C)**	5 **(A)**
6 **(A)**	7 **(A)**	8 **(C)**	9 **(B)**	10 **(C)**
11 **(B)**	12 **(B)**	13 **(C)**	14 **(C)**	15 **(C)**
16 **(B)**	17 **(B)**	18 **(C)**	19 **(C)**	20 **(B)**

SECTION I LISTENING AND SPEAKING

Part A. Listen and Recognize (p.60)

1. Boy: bag
   (A)
해석 소년: 가방
풀이 소년이 가방이라고 말했으므로 답은 (A)이다.

2. Girl: cookie
   (B)
해석 소녀: 쿠키
풀이 소녀가 쿠키라고 말했으므로 답은 (B)이다.

3. Boy: kitchen
   (B)
해석 소년: 부엌
풀이 소년이 부엌이라고 말했으므로 정답은 (B)이다.

4. Girl: The boy is running.
   (A)
해석 소녀: 소년이 달리고 있다.
풀이 소년이 달리고 있는 그림 (A)가 정답이다.

5. Boy: A girl is riding a bike.
   (A)
해석 소년: 소녀는 자전거를 타고 있다.
풀이 소녀가 자전거를 타고 있는 그림 (A)가 정답이다.

PART B. Listen and Respond (p.62)

6. Girl: Thank you for your help.
   Boy: _____
      (A) I'm sorry.
      (B) You're welcome.
      (C) It's my birthday.
해석 소녀: 도와줘서 고마워.
   소년: _____
   (A) 미안해.
   (B) 천만에.
   (C) 내 생일이야.
풀이 고맙다고 하는 말에 적절한 응답은 (B)이다.

7. Boy: Can you play the guitar?
   Girl: _____
      (A) Yes, I have.
      (B) No, thank you.
      (C) Yes, a little bit.
해석 소년: 너 기타 연주 할 수 있니?
   소녀: _____
   (A) 응, 가지고 있어.
   (B) 아니, 괜찮아.
   (C) 응, 조금.
풀이 기타를 연주할 수 있냐는 소년의 물음에 대한 답으로 (C)가 적절하다.
Words and Phrases guitar 기타

8. Girl: What's your name?
   Boy: _____
      (A) Yes, I can.
      (B) No, I'm not.
      (C) My name is Tony.
해석 소녀: 너의 이름은 무엇이니?
   소년: _____
   (A) 응, 나는 할 수 있어.
   (B) 아니, 난 아니야.
   (C) 내 이름은 Tony야.
풀이 이름이 무엇이냐는 소녀의 물음에 대한 답으로 (C)가 적절하다.

9. Boy: What day is it today?
   Girl: _____
      (A) Wonderful.
      (B) It's 5 o'clock.
      (C) Today is Saturday.
해석 소년: 오늘 무슨 요일이야?
   소녀: _____
   (A) 근사해.
   (B) 5시야.
   (C) 오늘은 토요일이야.
풀이 요일을 묻는 질문에 토요일이라고 대답하는 (C)가 적절하다.

10. Girl: Close the door, please.

    Boy: _____

    (A) Sure.

    (B) I'm a boy.

    (C) It's Sunday.

해석 소녀: 문을 닫아주세요.

    소년: _____

    (A) 물론이지.

    (B) 나는 소년이야.

    (C) 일요일이야.

풀이 문을 닫아달라는 소녀의 부탁에 대한 응답으로 (A)가 적절하다.

Part C. Listen and Retell (p.64)

11. Girl: I like the park.

    Boy: I like the library.

    Question: What place does the boy like?

    (C)

해석 소녀: 나는 공원을 좋아해.

    소년: 나는 도서관을 좋아해.

    질문: 소년이 좋아하는 장소는 어디입니까?

풀이 소년은 도서관을 좋아한다고 하였으므로 정답은 (C)이다.

Words and Phrases library 도서관 | place 장소, 곳

12. Boy: Let's play soccer!

    Girl: Great! Let's play!

    Question: What are they doing?

    (B)

해석 소년: 우리 축구하자!

    소녀: 좋아! 하자!

    질문: 그들은 무엇을 하고 있습니까?

풀이 소년이 축구를 하자고 했으므로 정답은 (B)이다.

13. Boy: Oh! It's raining.

    Girl: It's okay. I have two umbrellas.

    Question: How's the weather?

    (B)

해석 소년: 어! 비가 와.

    소녀: 괜찮아. 나 우산 2개 있어.

    질문: 날씨는 어떻습니까?

풀이 소년이 비가 내리고 있다고 했으므로 정답은 (B)이다.

14. Girl: Look at the tree.

    Boy: It's red.

    Question: What color is the tree?

    (B)

해석 소녀: 그 나무를 봐.

    소년: 빨간색이야.

질문: 나무는 무슨색입니까?

풀이 소년이 나무를 보고 빨간색이라고 했으므로 답은 (B)이다.

15. Girl: How do you feel?

    Boy: I feel sick.

    Question: How does the boy feel?

    (A)

해석 소녀: 너 몸 상태는 어때?

    소년: 나는 아파.

    질문: 소년의 몸 상태는 어떠합니까?

풀이 소년은 아프다고 하였으므로 정답은 (A)이다.

SECTION II READING AND WRITING

Part A. Spell the Words (p.67)

1. oran_e

    (A) g

    (B) l

    (C) s

풀이 '오렌지'를 뜻하는 영어단어의 철자는 'orange'이므로 정답은 (A)이다.

2. _ireman

    (A) m

    (B) f

    (C) l

풀이 '소방관'를 뜻하는 영어단어의 철자는 'fireman'이므로 정답은 (B)이다.

Words and Phrases fireman 소방관

3. (A) retig

    (B) tiger

    (C) giert

풀이 '호랑이'를 뜻하는 'tiger'의 철자를 올바르게 나열한 (B)가 정답이다.

Words and Phrases tiger 호랑이

4. (A) kwal

    (B) lawk

    (C) walk

풀이 '걷다/산책하다'를 뜻하는 'walk'의 철자를 올바르게 나열한 (C)가 정답이다.

5. (A) chair

    (B) hciar

    (C) raich

풀이 '의자'를 뜻하는 'chair'의 철자를 올바르게 나열한 (A)가 정답이다.

Part B. Look and Recognize (p.69)

6. (A) It is a door.
　　(B) It is a book.
　　(C) It is a desk.
해석　(A) 그것은 문이다.
　　　(B) 그것은 책이다.
　　　(C) 그것은 책상이다.
풀이　그림에 문이 있으므로 정답은 (A)이다.

7. (A) There are three pigs.
　　(B) There are seven pigs.
　　(C) There are eight pigs.
해석　(A) 돼지가 세 마리 있다.
　　　(B) 돼지가 일곱 마리 있다.
　　　(C) 돼지가 여덟 마리 있다.
풀이　그림에 돼지가 세 마리 있으므로 정답은 (A)이다.

8. (A) He is cooking.
　　(B) He is cleaning.
　　(C) He is drawing.
해석　(A) 그는 요리하고 있다.
　　　(B) 그는 청소하고 있다.
　　　(C) 그는 그림을 그리고 있다.
풀이　그림에 소년이 그림을 그리고 있으므로 (C)가 정답이다.

9. (A) The girl is sad.
　　(B) The girl is happy.
　　(C) The girl is angry.
해석　(A) 그 소녀는 슬프다.
　　　(B) 그 소녀는 행복하다.
　　　(C) 그 소녀는 화났다.
풀이　그림의 소녀는 행복해 보이므로 정답은 (B)이다.

10. (A) He plays golf.
　　(B) He plays tennis.
　　(C) He plays baseball.
해석　(A) 그는 골프를 친다.
　　　(B) 그는 테니스를 친다.
　　　(C) 그는 야구를 한다.
풀이　그림의 소년은 야구를 하고 있으므로 정답은 (C)이다.

Part C. Look and Respond (p.71)

11. Q: How many cars are on the table?
　　(A) There are two cars.
　　(B) There are four cars.
　　(C) There are seven cars.
해석　질문: 테이블 위에 차가 몇 대 있습니까?
　　　(A) 두 대의 차가 있다.
　　　(B) 네 대의 차가 있다.
　　　(C) 일곱 대의 차가 있다.
풀이　테이블 위에는 네 대의 차가 있으므로 정답은 (B)이다.

12. Q: What color is his hat?
　　(A) It's blue.
　　(B) It's green.
　　(C) It's yellow.
해석　질문: 그의 모자는 무슨 색입니까?
　　　(A) 파란색이다.
　　　(B) 초록색이다.
　　　(C) 노란색이다.
풀이　그림의 모자는 초록색이므로 정답은 (B)이다.

13. Q: Where is the cat?
　　(A) It's on the chair.
　　(B) It's next to the chair.
　　(C) It's under the chair.
해석　질문: 고양이는 어디 있습니까?
　　　(A) 그것은 의자 위에 있다.
　　　(B) 그것은 의자 옆에 있다.
　　　(C) 그것은 의자 밑에 있다.
풀이　그림의 고양이는 의자 밑에 있으므로 정답은 (C)이다.

14. Q: Where is she going?
　　(A) She is going home.
　　(B) She is going to school.
　　(C) She is going to an ice cream store.
해석　질문: 그녀는 어디로 가고 있는가?
　　　(A) 그녀는 집으로 가고 있다.
　　　(B) 그녀는 학교로 가고 있다.
　　　(C) 그녀는 아이스크림 가게로 가고 있다.
풀이　그림의 소녀는 아이스크림 가게로 들어가고 있으므로 정답은 (C)이다.

15. Q: How many squares are in the picture?

    (A) There is one square.

    (B) There are two squares.

    (C) There are three squares.

해석 질문: 그림 속에는 몇 개의 정사각형이 있습니까?

    (A) 한 개의 정사각형이 있다.

    (B) 두 개의 정사각형이 있다.

    (C) 세 개의 정사각형이 있다.

풀이 그림 속에는 세 개의 정사각형이 있으므로 정답은 (C)이다.

Part D. Read and Retell (p.73)

[16]

What am I? You use me when you eat food. You put your food on me. I can be many shapes. You can find me in the kitchen or dining room.

16. What am I?

    (A) fire

    (B) table

    (C) window

해석 나는 무엇일까? 너는 나를 음식을 먹을 때 사용한다. 너는 음식을 나의 위에 올린다. 나는 많은 모양이 될 수 있다. 너는 나를 주방이나 식당에서 찾을 수 있다.

    16. 나는 무엇입니까?

    (A) 불

    (B) 탁자

    (C) 창문

풀이 음식을 올리며 주방이나 식당에서 찾을 수 있다고 한 것으로 보아 식탁임을 유추할 수 있다. 따라서 (B)가 정답이다.

Words and Phrases use 사용하다 | put 놓다 | shape 모양 | kitchen 주방 dining room 식당(방)

[17-18]

It's sunny day today. Kids are playing in the park. There are animals, too. A blue bird is flying high. A cat watches the kids. It is a wonderful day.

17. What is the weather like today?

    (A) rainy

    (B) sunny

    (C) snowy

18. Where do they play?

    (A) at home

    (B) at school

    (C) in the park

해석 오늘은 날씨가 화창하다. 아이들은 공원에서 놀고 있다. 동물들도 있다. 파랑 새는 높이 날고 있다. 한 고양이가 아이들을 보고 있다. 멋진 날이다.

17. 오늘의 날씨는 어떻습니까?

    (A) 비 오는

    (B) 화창한

    (C) 눈 오는

18. 아이들은 어디서 놀고 있습니까?

    (A) 집에서

    (B) 학교에서

    (C) 공원에서

풀이 지문에서 오늘 날씨가 화창하다고 했으므로 17번은 (B)가 정답이다. 아이들이 공원에서 놀고있다고 했으므로 18번은 (C)가 정답이다.

[19-20]

Hello, I am Tony. This is my family picture. There are five of us. Mom, Dad, my two sisters, and me. I have fun with my sisters. I like to play hide and seek with them. It is very fun. I love my family.

19. What does Tony like to play with his sisters?

    (A) tag

    (B) dress up

    (C) hide and seek

20. How many sisters does Tony have?

    (A) 1

    (B) 2

    (C) 3

해석 안녕, 난 Tony야. 이건 내 가족사진이야. 우리 가족은 5명이야. 엄마, 아빠, 두 명의 누나/여동생, 그리고 나. 난 내 누나/여동생들과 즐거운 시간을 보내. 나는 그들과 숨바꼭질 하는 것을 좋아해. 그건 매우 재미있어. 난 우리 가족을 사랑해.

    19. Tony는 그의 누나/여동생들과 무엇을 하면서 노는 것을 좋아합니까?

    (A) 꼬리 잡기

    (B) 변장하기

    (C) 숨바꼭질하기

    20. Tony에겐 몇 명의 여자형제가 있습니까?

    (A) 1

    (B) 2

    (C) 3

풀이 지문에서 Tony는 누나/여동생들과 숨바꼭질하는 것을 좋아한다고 했으므로 19번은 (C)가 정답이다. Tony는 두 명의 누나/여동생이 있다고 했으므로 20번은 (B)가 정답이다.

Words and Phrases hide and seek 숨바꼭질

TOSEL PRE-STARTER

심화 4회

Section I Listening and Speaking

1 **(B)**	2 **(A)**	3 **(C)**	4 **(B)**	5 **(A)**
6 **(A)**	7 **(A)**	8 **(B)**	9 **(C)**	10 **(C)**
11 **(A)**	12 **(A)**	13 **(C)**	14 **(B)**	15 **(A)**

Section II Reading and Writing

1 **(B)**	2 **(C)**	3 **(A)**	4 **(B)**	5 **(C)**
6 **(A)**	7 **(C)**	8 **(C)**	9 **(B)**	10 **(B)**
11 **(B)**	12 **(C)**	13 **(A)**	14 **(A)**	15 **(C)**
16 **(B)**	17 **(B)**	18 **(C)**	19 **(B)**	20 **(B)**

SECTION I | LISTENING AND SPEAKING

Part A. Listen and Recognize (p.84)

1. Boy: cook
    (B)
해석 소년: 요리하다
풀이 요리하고 있는 그림 (B)가 정답이다.

2. Girl: eyes
    (A)
해석 소녀: 눈
풀이 눈이 있는 그림 (A)가 정답이다.

3. Boy: train
    (C)
해석 소년: 기차
풀이 기차가 있는 그림 (C)가 정답이다.

4. Girl: She reads a book.
    (B)
해석 소녀: 그녀는 책을 읽는다.
풀이 책을 읽는 그림 (B)가 정답이다.

5. Boy: I see a cat.
    (A)
해석 소년: 난 고양이를 본다.
풀이 소년이 고양이를 본다고 했으므로 고양이가 있는 그림 (A)가 정답이다.

PART B. Listen and Respond (p.86)

6. Girl: I love chocolates.
    Boy: _____
        (A) Me, too.
        (B) Thank you.
        (C) No, I can't.
해석 소녀: 나는 초콜릿을 좋아해.
    소년: _____
        (A) 나도 마찬가지야.
        (B) 고마워.
        (C) 아니, 난 할 수 없어.
풀이 초콜릿을 좋아한다는 소녀의 말에 대한 답으로 (A)가 적절하다.

7. Boy: What color do you like?
    Girl: _____
        (A) I like pink.
        (B) Sorry, I can't.
        (C) I like flowers.
해석 소년: 너는 어떤 색깔을 좋아하니?
    소녀: _____
        (A) 난 분홍색을 좋아해.
        (B) 미안, 난 할 수 없어.
        (C) 난 꽃을 좋아해.
풀이 색깔을 물어봤으므로 (A)가 적절하다.

8. Girl: Can I have a pen?
    Boy: _____
        (A) No, I'm not.
        (B) Yes, you can.
        (C) Okay, you are.
해석 소녀: 내가 펜을 가져도 되니?
    소년: _____
        (A) 아니, 난 아니야.
        (B) 그래, 가져가.
        (C) 맞아, 넌 그래.
풀이 can의문이므로 can으로 대답한 (B)가 정답이다.

9. Boy: Let's go home.
    Girl: _____
        (A) Here you go.
        (B) That's my house.
        (C) Okay. I'm ready.
해석 소년: 집에 가자.
    소녀: _____
        (A) 여기 있어.
        (B) 저건 내 집이야.
        (C) 좋아, 난 준비 됐어.
풀이 집에 가자는 소년의 말에 가장 적절한 대답은 (C)이다.

10. Girl: I'm Sam. Who are you?
    Boy: _____
      (A) You're welcome.
      (B) I'm ten years old.
      (C) My name is James.
해석 소녀: 난 Sam이야. 넌 누구야?
      소년: _____
      (A) 천만에.
      (B) 난 열 살이야.
      (C) 내 이름은 James야.
풀이 누구인지 물어보는 질문에 대한 대답으로 (C)가 적절하다.

Part C. Listen and Retell (p.88)

11. Girl: Look at that elephant.
    Boy: It's very big!
    Question: What are they looking at?
      (A)
해석 소녀: 저 코끼리를 봐.
      소년: 정말 크네!
      질문: 그들은 무엇을 보고 있습니까?
풀이 코끼리를 보고 있다고 했으므로 적절한 답은 (A)이다.
Words and Phrases elephant 코끼리

12. Boy: What are you eating, Susan?
    Girl: I'm eating a hamburger.
    Question: What is Susan eating?
      (A)
해석 소년: 무엇을 먹고 있니, Susan?
      소녀: 난 햄버거를 먹고 있어.
      질문: Susan은 무엇을 먹고 있습니까?
풀이 소녀가 햄버거를 먹고 있다고 했으므로 적절한 답은 (A)이다.

13. Girl: I like apples.
    Boy: I like watermelons.
    Question: What does the boy like?
      (C)
해석 소녀: 난 사과를 좋아해.
      소년: 난 수박을 좋아해.
      질문: 소년은 무엇을 좋아합니까?
풀이 소년은 수박을 좋아한다고 했으므로 적절한 답은 (C)이다.
Words and Phrases watermelon 수박

14. Boy: Can you open the door?
    Girl: Sure, no problem.
    Question: What does the boy ask the girl to open?
      (B)
해석 소년: 문 좀 열어 줄 수 있어?
      소녀: 물론이지, 문제없어.

질문: 소년은 소녀에게 무엇을 열어달라고 부탁합니까?
풀이 소년이 소녀에게 문을 열어달라고 했으므로 적절한 답은 (B)이다.

15. Boy: How many pencils do you have?
    Girl: I have one.
    Question: How many pencils does the girl have?
      (A)
해석 소년: 너 연필 몇 자루 있니?
      소녀: 한 자루 있어.
      질문: 소녀는 연필을 몇 자루 가지고 있습니까?
풀이 한 자루 가지고 있다고 했으므로 적절한 답은 (A)이다.

SECTION II READING AND WRITING

Part A. Spell the Words (p.91)

1. ho_se
      (A) e
      (B) u
      (C) a
풀이 '집'을 뜻하는 영어단어의 철자는 'house'이므로 정답은 (B)이다.
Words and Phrases house 집

2. cu_
      (A) b
      (B) t
      (C) p
풀이 '컵'을 뜻하는 영어단어의 철자는 'cup'이므로 정답은 (C)이다.

3. (A) tree
   (B) tere
   (C) teer
풀이 '나무'를 뜻하는 'tree'의 철자를 올바르게 나열한 (A)가 정답이다.
Words and Phrases tree 나무

4. (A) meosu
   (B) mouse
   (C) soume
풀이 '쥐'를 뜻하는 'mouse'의 철자를 올바르게 나열한 (B)가 정답이다.
Words and Phrases mouse 쥐

5. (A) paino
   (B) poain
   (C) piano
풀이 '피아노'를 뜻하는 'piano'의 철자를 올바르게 나열한 (C)가 정답이다.

Part B. Look and Recognize (p.93)

6. (A) There are grapes.
　　(B) There are apples.
　　(C) There are oranges.
해석 (A) 포도가 있다.
　　(B) 사과가 있다.
　　(C) 오렌지가 있다.
풀이 그림에 포도가 있으므로 정답은 (A)이다.

7. (A) She is angry.
　　(B) She is happy.
　　(C) She is sleepy.
해석 (A) 그녀는 화났다.
　　(B) 그녀는 행복하다.
　　(C) 그녀는 졸리다.
풀이 그림에서 소녀가 졸려하고 있으므로 정답은 (C)이다.

8. (A) He has two balls.
　　(B) He has three balls.
　　(C) He has four balls.
해석 (A) 그는 두 개의 공을 가지고 있다.
　　(B) 그는 세 개의 공을 가지고 있다.
　　(C) 그는 네 개의 공을 가지고 있다.
풀이 그림에 공이 네 개이므로 정답은 (C)이다.

9. (A) She is eating a banana.
　　(B) She is singing a song.
　　(C) She is writing a letter.
해석 (A) 그녀는 바나나를 먹고 있다.
　　(B) 그녀는 노래를 부르고 있다.
　　(C) 그녀는 편지를 쓰고 있다.
풀이 그림의 소녀는 노래를 부르고 있으므로 정답은 (B)이다.

10. (A) He has long hair.
　　(B) He has long legs.
　　(C) He has long arms.
해석 (A) 그는 머리카락이 길다.
　　(B) 그는 다리가 길다.
　　(C) 그는 팔이 길다.
풀이 그림에 다리가 긴 남자가 있으므로 정답은 (B)이다.

Part C. Look and Respond (p.95)

11. Q: What time is it now?
　　(A) It's four thirty.
　　(B) It's six thirty.
　　(C) It's six o'clock.
해석 지금은 몇 시입니까?
　　(A) 지금은 4시 반이다.
　　(B) 지금은 6시 반이다.
　　(C) 지금은 6시이다.
풀이 그림의 시계는 6시 반을 가리키고 있으므로 정답은 (B)이다.

12. Q: What is she wearing?
　　(A) She is wearing pink pants.
　　(B) She is wearing white shoes.
　　(C) She is wearing pink shoes.
해석 그녀는 무엇을 입고 있는가?
　　(A) 그녀는 분홍색 바지를 입고 있다.
　　(B) 그녀는 흰색 신발을 신고 있다.
　　(C) 그녀는 분홍색 신발을 신고 있다.
풀이 그림의 소녀는 분홍색 신발을 신고 있으므로 정답은 (C)이다.
Words and Phrases pants 바지

13. Q: What are they doing?
　　(A) They are watching TV.
　　(B) They are singing a song.
　　(C) They are drawing pictures.
해석 그들은 무엇을 하고 있습니까?
　　(A) 그들은 TV를 보고 있다.
　　(B) 그들은 노래를 부르고 있다.
　　(C) 그들은 그림을 그리고 있다.
풀이 그림의 사람들은 TV를 보고 있으므로 정답은 (A)이다.

14. Q: Who is he?
　　(A) He is a doctor.
　　(B) He is a policeman.
　　(C) He is a firefighter.
해석 그는 누구입니까?
　　(A) 그는 의사이다.
　　(B) 그는 경찰이다.
　　(C) 그는 소방관이다.
풀이 그림의 남자는 의사이므로 정답은 (A)이다.

15. Q: What is she doing?
　　(A) She is washing her dog.
　　(B) She is washing her feet.
　　(C) She is washing her face.
해석 질문: 그녀는 무엇을 하고 있습니까?
　　(A) 그녀는 그녀의 개를 씻겨주고 있다.
　　(B) 그녀는 그녀의 발을 씻고 있다.

(C) 그녀는 세수를 하고 있다.

풀이 그림의 소녀는 세수를 하고 있으므로 정답은 (C)이다.

Part D. Read and Retell (p.97)

[16]

What am I? I am a food. I am brown and very sweet. You can make cookies, cakes, and ice cream with me. Sometimes, you can even drink me.

16. What am I?

(A) jelly

(B) chocolate

(C) sweet potato

해석 나는 무엇일까? 나는 음식이다. 나는 갈색이고 아주 달콤하다. 너는 나로 쿠키, 케이크, 그리고 아이스크림을 만들 수 있다. 때때로, 너는 나를 마실 수도 있다.

16. 나는 무엇입니까?

(A) 젤리

(B) 초콜릿

(C) 고구마

풀이 갈색의 달콤한 음식이며 쿠키, 케이크 등으로 만들 수 있다고 한 것으로 보아 초콜릿임을 추론할 수 있다. 따라서 (B)가 정답이다.

Words and Phrases brown 갈색 | drink 마시다 | sometimes 때때로 | even ~도(조차) | sweet 달콤한, 단 | sweet potato 고구마

[17-18]

Charlie goes to summer camp. At the camp, he runs and plays soccer with other kids. He eats pasta and chicken. He is very happy. He loves the camp!

17. Where is Charlie?

(A) at a park

(B) at a camp

(C) at a restaurant

18. What does Charlie do at the camp?

(A) eat pizza

(B) play basketball

(C) run with kids

해석 Charlie는 여름 캠프에 간다. 캠프에서, 그는 다른 아이들과 함께 뛰고 축구를 한다. 그는 파스타와 치킨을 먹는다. 그는 매우 행복하다. 그는 캠프를 정말 좋아한다!

17. Charlie는 어디에 있습니까?

(A) 공원에

(B) 캠프에

(C) 식당에

18. Charlie는 캠프에서 무엇을 합니까?

(A) 피자 먹기

(B) 농구 하기

(C) 아이들과 뛰기

풀이 지문에서 Charlie가 여름 캠프를 간다고 했으므로 17번은 (B)가 정답이다. Charlie는 아이들과 뛰고 축구를 한다고 했으므로 18번은 (C)가 정답이다.

Words and Phrases summer camp 여름캠프 | pasta 파스타 | restaurant 식당

[19-20]

I love to play with my dog. His name is Max. He is white with black spots. Max is 3 years old. He likes to play in the water. Max is my best friend.

19. How old is Max?

(A) 1 year old

(B) 3 years old

(C) 5 years old

20. What does Max like to do?

(A) play soccer

(B) play in the water

(C) play with cats

해석 나는 나의 개와 노는 것을 좋아한다. 그의 이름은 Max이다. 그는 흰색 몸에 검은 점을 가졌다. Max는 3살이다. 그는 물에서 노는 것을 좋아한다. Max는 나의 가장 친한 친구이다.

19. Max는 몇 살입니까?

(A) 1살

(B) 3살

(C) 5살

20. Max는 무엇을 하는 것을 좋아합니까

(A) 축구하기

(B) 물에서 놀기

(C) 고양이와 놀기

풀이 지문에서 Max는 3살이라고 했으므로 19번은 (B)가 정답이다. Max는 물에서 노는 것을 좋아한다고 했으므로 20번은 (B)가 정답이다.

Words and Phrases spot 점 | water 물

TOSEL PRE-STARTER

심화 5회

Section I Listening and Speaking

1 **(B)**	2 **(B)**	3 **(A)**	4 **(B)**	5 **(A)**
6 **(C)**	7 **(C)**	8 **(A)**	9 **(B)**	10 **(B)**
11 **(A)**	12 **(C)**	13 **(A)**	14 **(B)**	15 **(C)**

Section II Reading and Writing

1 **(A)**	2 **(B)**	3 **(C)**	4 **(B)**	5 **(A)**
6 **(B)**	7 **(B)**	8 **(B)**	9 **(B)**	10 **(A)**
11 **(B)**	12 **(A)**	13 **(A)**	14 **(B)**	15 **(C)**
16 **(B)**	17 **(B)**	18 **(A)**	19 **(C)**	20 **(C)**

SECTION I LISTENING AND SPEAKING

Part A. Listen and Recognize (p.108)

1. Boy: duck
   (B)
해석 소년: 오리
풀이 소년이 오리라고 말했으므로 오리가 있는 그림 (B)가 정답이다.
Words and Phrases duck 오리

2. Girl: basket
   (B)
해석 소녀: 바구니
풀이 소녀가 바구니라고 말했으므로 바구니가 있는 그림 (B)가 정답이다.

3. Boy: doctor
   (A)
해석 소년: 의사
풀이 소년이 의사라고 말했으므로 의사가 있는 그림 (A)가 정답이다.

4. Girl: A boy is listening to music.
   (B)
해석 소녀: 소년이 음악을 듣고 있다.
풀이 소년이 음악을 듣고 있다고 했으므로 (B)가 정답이다.

5. Boy: I see a book.
   (A)
해석 소년: 나는 책이 보인다.
풀이 소년이 책이 보인다고 했으므로 책이 있는 그림인 (A)가 정답이다.

PART B. Listen and Respond (p.110)

6. Girl: Hello, nice to meet you.
   Boy: _____
   (A) You are seven.
   (B) It is Thursday today.
   (C) Nice to meet you too.
해석 소녀: 안녕, 만나서 반가워.
   소년: _____
   (A) 넌 일곱 살이야.
   (B) 오늘은 목요일이야.
   (C) 나도 만나서 반가워.
풀이 만나서 반갑다는 소녀의 말에 대한 답으로 (C)가 적절하다.

7. Girl: How old are you?
   Boy: _____
   (A) I like flowers.
   (B) She is my mother.
   (C) I am eight years old.
해석 소녀: 넌 몇 살이야?
   소년: _____
   (A) 난 꽃을 좋아해.
   (B) 그녀는 나의 어머니야.
   (C) 난 여덟 살이야.
풀이 몇 살이냐는 소녀의 물음에 대한 답으로 (C)가 적절하다.

8. Girl: Do you like pizza?
   Boy: _____
   (A) Yes, I do.
   (B) Yes, I can.
   (C) No, I can't.
해석 소녀: 너 피자를 좋아해?
   소년: _____
   (A) 응, 좋아해.
   (B) 응, 난 할 수 있어.
   (C) 아니, 난 할 수 없어.
풀이 do 의문문에 대한 답으로 do을 사용하여 답한 (A)가 정답이다.

9. Boy: I like playing soccer.
   Girl: _____
   (A) Thank you.
   (B) Yes. Me, too.
   (C) You're welcome.
해석 소년: 나는 축구를 좋아해.
   소녀: _____
   (A) 고마워.
   (B) 응. 나도 그래.
   (C) 천만에.
풀이 축구를 좋아한다는 소년의 말에 대한 답으로 (B)가 적절하다.

10. Girl: When is your birthday?

Boy: _____

(A) I love trees.

(B) It's on Thursday.

(C) My name is James.

해석 소녀: 너 생일이 언제야?

소년: _____

(A) 난 나무를 아주 좋아해.

(B) 목요일이야.

(C) 내 이름은 James야.

풀이 생일이 언제냐는 소녀의 질문에 요일로 답한 (B)가 정답이다.

Part C. Listen and Retell (p.112)

11. Girl: Look at those flowers!

Boy: They are so pretty.

Question: What are they looking at?

(A)

해석 소녀: 저 꽃들을 봐!

소년: 그것들은 정말 예쁘다!

질문: 그들은 무엇을 보고 있는가?

풀이 소녀가 꽃을 보라고 했으므로 (A)가 정답이다.

12. Boy: What are you drawing, Jen?

Girl: I'm drawing a house.

Questiion: What is Jen drawing?

(C)

해석 소년: Jen, 무엇을 그리고 있어?

소녀: 난 집을 그리고 있어.

질문: Jen은 무엇을 그리고 있는가?

풀이 집을 그리고 있다고 했으므로 적절한 그림은 집이 나와있는 (C)다.

13. Girl: I like bananas.

Boy: I like mangoes.

Question: What does the boy like?

(A)

해석 소녀: 난 바나나를 좋아해.

소년: 난 망고를 좋아해.

질문: 소년은 무엇을 좋아하는가?

풀이 소년은 망고를 좋아한다고 했으므로 (A)가 정답이다.

Words and Phrases mango 망고

14. Boy: Can you clean your room?

Girl: Sure, no problem.

Question: What does the boy ask the girl to do?

(B)

해석 소년: 너의 방 청소를 할 수 있겠니?

소녀: 물론, 문제없어.

질문: 소년이 소녀에게 부탁한 일은 무엇인가?

풀이 방 청소를 해달라고 말했으므로 적절한 답은 청소를 하고 있는 그림인 (B)

이다.

15. Boy: What time is it?

Girl: It's ten o'clock.

Question: What time is it now?

(C)

해석 소년: 지금이 몇 시야?

소녀: 지금은 열 시야.

질문: 지금은 몇 시인가?

풀이 열 시라고 했으므로 적절한 답은 열 시를 가리키고 있는 (C)이다.

SECTION II READING AND WRITING

Part A. Spell the Words (p.115)

1. ele_hant

(A) p

(B) c

(C) q

풀이 '코끼리'를 뜻하는 영어단어의 철자는 'elephant'이므로 정답은 (A)이다.

2. _mile

(A) h

(B) s

(C) g

풀이 '웃다'를 뜻하는 영어단어의 철자는 'smile'이므로 정답은 (B)이다.

3. (A) hoes

(B) ohes

(C) shoe

풀이 '신발'을 뜻하는 'shoe'의 철자를 올바르게 나열한 (C)가 정답이다.

4. (A) brewn

(B) brown

(C) blown

풀이 '갈색'을 뜻하는'brown'의 철자를 올바르게 나열한 (B)가 정답이다.

5. (A) friends

(B) brands

(C) freends

풀이 '친구'를 뜻하는 'friends'의 철자를 올바르게 나열한 (A)가 정답이다.

6. (A) It is sunny.

(B) It is raining.

(C) It is snowing.

해석 (A) 화창하다.

(B) 비가 오고 있다.

(C) 눈이 오고 있다.

풀이 그림에서 비가 오고 있으므로 정답은 (B)이다.

7. (A) The man is fat.

(B) The man is tall.

(C) The man is short.

해석 (A) 그 남자는 뚱뚱하다.

(B) 그 남자는 키가 크다.

(C) 그 남자는 키가 작다.

풀이 그림의 남자는 키가 크므로 정답은 (B)이다.

Words and Phrases fat 뚱뚱한

8. (A) There are only two balloons.

(B) There are only five balloons.

(C) There are only seven balloons.

해석 (A) 풍선이 두 개밖에 없다.

(B) 풍선이 다섯 개밖에 없다.

(C) 풍선이 일곱 개밖에 없다.

풀이 그림엔 5개의 풍선이 있으므로 정답은 (B)이다.

Words and Phrases only ~밖에, 오직 | balloon 풍선

9. (A) The boy is eating pizza.

(B) The boy is eating ice cream.

(C) The boy is eating a hamburger.

해석 (A) 그 소년은 피자를 먹고 있다.

(B) 그 소년은 아이스크림을 먹고 있다.

(C) 그 소년은 햄버거를 먹고 있다.

풀이 그림의 소년은 아이스크림을 먹고 있으므로 정답은 (B)이다.

10. (A) She's wearing a red hat.

(B) She's wearing a blue hat.

(C) She's wearing a green hat.

해석 (A) 그녀는 빨간색 모자를 쓰고 있다.

(B) 그녀는 파란색 모자를 쓰고 있다.

(C) 그녀는 초록색 모자를 쓰고 있다.

풀이 그림의 소녀는 빨간색 모자를 쓰고 있으므로 정답은 (A)이다.

11. Q: Where are they going?

(A) They are going to a beach.

(B) They are going to school.

(C) They are going to a theater.

해석 질문: 그들은 어디로 가고 있습니까?

(A) 그들은 해변으로 가고 있다.

(B) 그들은 학교로 가고 있다.

(C) 그들은 영화관으로 가고 있다.

풀이 그림의 사람들은 학교로 가고 있으므로 정답은 (B)이다.

Words and Phrases beach 해변 | theater 영화관

12. Q: Which color train is the monkey on?

(A) red

(B) blue

(C) orange

해석 질문: 원숭이는 어느 색깔의 기차에 있습니까?

(A) 빨간색

(B) 파란색

(C) 주황색

풀이 그림의 원숭이는 빨간색 기차에 있으므로 정답은 (A)이다.

13. Q: What is he doing?

(A) He is playing the violin.

(B) He is singing a song.

(C) He is dancing on the floor.

해석 질문: 그는 무엇을 하고 있습니까?

(A) 그는 바이올린을 연주하고 있다.

(B) 그는 노래를 부르고 있다.

(C) 그는 바닥 위에서 춤을 추고 있다.

풀이 그림의 남자는 바이올린을 연주하고 있으므로 정답은 (A)이다.

Words and Phrases floor 바닥

14. Q: Where is she?

(A) She is in the garden.

(B) She is in the market.

(C) She is in the hospital.

해석 질문: 그녀는 어디에 있습니까?

(A) 그녀는 정원에 있다.

(B) 그녀는 시장에 있다.

(C) 그녀는 병원에 있다.

풀이 그림의 여자는 시장에 있으므로 정답은 (B)이다.

Words and Phrases garden 정원 | hospital 병원

15. Q: How many triangles are there?

(A) one

(B) three

(C) five

해석 질문: 몇 개의 삼각형이 있는가?

(A) 한 개

(B) 세 개

(C) 다섯 개

풀이 그림에 다섯 개의 삼각형이 있으므로 정답은 (C)이다.

Words and Phrases triangle 삼각형

Part D. Read and Retell (p.121)

[16]

What am I? I always come in pairs. I cover your feet and protect them. I have many names. People can call me sandals and boots, too.

16. What am I?

(A) jeans

(B) shoes

(C) glasses

해석 나는 무엇일까? 나는 항상 짝으로 다닌다. 나는 너의 발을 덮고 보호한다. 나는 이름이 많다. 사람들은 나를 샌들과 부츠로 부르기도 한다.

16. 나는 무엇입니까?

(A) 청바지

(B) 신발

(C) 안경

풀이 항상 짝으로 다니며 발을 덮고 보호한다고 한 것으로 보아 신발임을 유추할 수 있다. 따라서 답은 (B)이다.

Words and Phrases always 항상 | pair 짝, 쌍 | cover 덮다 | feet 발 (foot 의 복수형) | protect 보호하다 | name 이름

sandals 샌들 | boots 부츠

[17-18]

My name is Henry. I am ten years old. I have one younger sister. Her name is Emily, and she is eight years old. We ride bikes in the park every day. It's so fun to ride bikes.

17. How old is Emily?

(A) 6

(B) 8

(C) 10

18. Where do they ride bikes?

(A) in the park

(B) on the street

(C) in the school

해석 내 이름은 Henry야. 나는 열 살이야. 나는 여동생이 한 명 있어. 그녀의 이름은 Emily이고, 그녀는 여덟 살이야. 우리는 매일 공원에서 자전거를 타. 자전거를 타는 것은 매우 재미있어.

17. Emily는 몇 살입니까?

(A) 6

(B) 8

(C) 10

18. 그들은 자전거를 어디서 탑니까?

(A) 공원에서

(B) 거리에서

(C) 학교에서

풀이 지문에서 Emily의 나이가 여덟 살이라고 했으므로 17번은 (B)가 정답이다. 그들은 공원에서 자전거를 탄다고 했으므로 18번은 (A)가 정답이다.

Words and Phrases street 거리 | younger (young의 비교급) 더 어린

[19-20]

I'm Haley. My mom, my dad, and I are very happy now! My baby sister is coming next month. I give my toys to her. Mom buys a bed for her. Dad buys a baby sofa for her.

19. What does Dad buy for the baby?

(A) toys

(B) a bed

(C) a baby sofa

20. When is the baby coming?

(A) in a day

(B) in a week

(C) in a month

해석 나는 Haley야. 엄마, 아빠, 그리고 나는 지금 정말 행복해! 나의 동생이 다음 달에 태어나. 나는 그녀에게 내 인형을 줘. 엄마는 그녀를 위해 침대를 사. 아빠는 그녀를 위해 아기 소파를 사.

19. 아빠는 아기를 위해 무엇을 삽니까?

(A) 장난감들

(B) 침대

(C) 아기 소파

20. 언제 아기가 태어납니까?

(A) 하루 안에

(B) 일주일 안에

(C) 한 달 안에

풀이 지문에서 아빠는 아기를 위해 아기 소파를 산다고 했으므로 19번은 (C)가 정답이다. 다음 달에 아기가 온다고 하였으므로 20번은 (C)기 장답이다.

Words and Phrases toy 장난감 | sofa 소파

memo

memo

TOSEL
심화문제집

PRE-STARTER